Russlands Militärgeschichte: Siege, Rückschläge und das Überleben einer Großmacht

INHALTSVERZEICHNIS

1
Einleitung in die Militärgeschichte Russlands

1.1 Bedeutung der Militärgeschichte

Die Militärgeschichte Russlands ist nicht nur ein chronologisches Aufeinandertreffen von Schlachten und Kriegen, sondern sie spiegelt auch die tief verwurzelte Identität und die geopolitischen Ambitionen des Landes wider. Die Analyse dieser Geschichte ermöglicht es, die Entwicklung militärischer Strategien zu verstehen, die über Jahrhunderte hinweg geprägt wurden und sich an wechselnde politische sowie soziale Rahmenbedingungen anpassten.

Ein zentraler Aspekt der Militärgeschichte Russlands ist ihre Rolle als Katalysator für nationale Einheit und Identität. In Zeiten großer Bedrohungen, wie während der Napoleonischen Kriege oder des Zweiten Weltkriegs, mobilisierte das Land seine Bevölkerung und schuf ein starkes Gefühl der Zusammengehörigkeit. Diese kollektiven Erfahrungen haben nicht nur das Selbstverständnis der Russen geprägt, sondern auch den Mythos von Russland als unbesiegbarer Nation gefestigt.

- Darüber hinaus ist die militärische Geschichte eng mit den wirtschaftlichen und politischen Entwicklungen des Landes verknüpft. Die Ressourcenmobilisierung für Kriege hat oft zu bedeutenden Veränderungen in der Gesellschaft geführt. Beispielsweise führte die Industrialisierung im 19.
- Jahrhundert zur Modernisierung der russischen Armee und beeinflusste somit direkt die militärische Effizienz in Konflikten wie dem Ersten Weltkrieg.
- Die strategische Geopolitik Russlands wurde durch historische Konflikte geformt, was sich in den heutigen außenpolitischen Entscheidungen widerspiegelt.
- Rückschläge in militärischen Auseinandersetzungen führten häufig zu Reformen innerhalb des Militärs und trugen zur Schaffung einer resilienteren Streitkraft bei.
- Die Analyse vergangener Konflikte bietet wertvolle Lehren für gegenwärtige militärische Strategien und internationale Beziehungen.

Zusammenfassend lässt sich sagen, dass die Bedeutung der Militärgeschichte Russlands weit über das Studium von Taktiken hinausgeht; sie ist ein Schlüssel zum Verständnis der nationalen Identität, geopolitischer Strategien sowie sozialer Dynamiken im Land. Indem wir diese Aspekte beleuchten, können wir ein umfassenderes Bild davon gewinnen, wie Russland seine Rolle auf der globalen Bühne definiert hat und weiterhin definiert.

1.2 Zielsetzung des Buches

Die Zielsetzung dieses Buches ist es, ein umfassendes und differenziertes Verständnis der Militärgeschichte Russlands zu vermitteln. Dabei wird nicht nur die chronologische Abfolge von Konflikten betrachtet, sondern auch die tiefgreifenden sozialen, politischen und kulturellen Implikationen dieser Ereignisse analysiert. Durch diese Herangehensweise soll der Leser in die Lage versetzt werden, die komplexen Zusammenhänge zwischen militärischen Auseinandersetzungen und der Entwicklung der russischen Identität sowie Geopolitik zu erkennen.

Ein zentrales Anliegen des Buches ist es, die Rolle des Militärs als prägendes Element in der russischen Gesellschaft herauszustellen. Die militärische Geschichte hat nicht nur zur Formung nationaler Identitäten beigetragen, sondern auch zur Schaffung eines kollektiven Gedächtnisses, das bis in die Gegenwart nachwirkt. Insbesondere wird untersucht, wie historische Kriege und militärische Erfolge oder Misserfolge das Selbstverständnis der Russen beeinflusst haben und welche Mythen sich um diese Ereignisse gebildet haben.

Darüber hinaus zielt das Buch darauf ab, den Einfluss wirtschaftlicher Faktoren auf militärische Strategien zu beleuchten. Die Wechselwirkungen zwischen Ressourcenmobilisierung und militärischer Effizienz sind entscheidend für das Verständnis von Konflikten wie dem Ersten Weltkrieg oder den beiden Weltkriegen. Hierbei wird aufgezeigt, wie wirtschaftliche Umbrüche oft als Katalysatoren für militärische Reformen fungierten und somit langfristige Veränderungen im russischen Militärwesen bewirkten.

Ein weiterer wichtiger Aspekt ist die Analyse aktueller geopolitischer Herausforderungen im Kontext historischer Erfahrungen. Indem wir vergangene Konflikte betrachten, können wir wertvolle Lehren für gegenwärtige strategische Entscheidungen ziehen. Das Buch möchte somit nicht nur eine historische Rückschau bieten, sondern auch einen Beitrag zur Diskussion über Russlands Rolle in der heutigen Welt leisten.

Zusammenfassend lässt sich sagen, dass dieses Werk darauf abzielt, ein facettenreiches Bild der Militärgeschichte Russlands zu zeichnen und deren Bedeutung für nationale Identität sowie internationale Beziehungen herauszustellen. Es soll sowohl Historikern als auch interessierten Laien als wertvolle Ressource dienen.

1.3 Methodik und Quellen

Die Methodik und die Auswahl der Quellen sind entscheidend für das Verständnis der Militärgeschichte Russlands, da sie die Grundlage für die Analyse und Interpretation historischer Ereignisse bilden. In diesem Buch wird ein interdisziplinärer Ansatz verfolgt, der sowohl qualitative als auch quantitative Methoden integriert. Dies ermöglicht eine umfassende Betrachtung der militärischen Konflikte im Kontext ihrer sozialen, politischen und wirtschaftlichen Rahmenbedingungen.

Ein zentraler Bestandteil der Methodik ist die kritische Analyse primärer Quellen, wie beispielsweise militärischer Dokumente, Tagebücher von Soldaten sowie offizielle Berichte aus verschiedenen Epochen. Diese Quellen bieten wertvolle Einblicke in die Denkweise und Motivationen der Akteure zur jeweiligen Zeit. Darüber hinaus werden auch Memoiren von Zeitzeugen herangezogen, um persönliche Perspektiven auf bedeutende Ereignisse zu gewinnen.

Zusätzlich zu den primären Quellen wird auf eine Vielzahl sekundärer Literatur zurückgegriffen. Historische Analysen, Fachartikel und Monografien von renommierten Historikern ermöglichen es, verschiedene Interpretationen und Theorien über die russische Militärgeschichte zu vergleichen. Hierbei spielt auch die Berücksichtigung von Geschichtsschreibungstraditionen eine Rolle; insbesondere wird untersucht, wie sich das Narrativ über militärische Erfolge oder Misserfolge im Laufe der Zeit verändert hat.

Ein weiterer wichtiger Aspekt ist die Nutzung statistischer Daten zur Untersuchung von Trends in der militärischen Mobilisierung und den Auswirkungen auf gesellschaftliche Strukturen. Durch quantitative Analysen können Muster identifiziert werden, die Aufschluss über den Einfluss wirtschaftlicher Faktoren auf militärische Strategien geben.

Schließlich wird auch ein Vergleich mit anderen Nationen angestellt, um spezifische Merkmale der russischen Militärgeschichte herauszuarbeiten. Dieser komparative Ansatz hilft dabei, universelle Themen in der Militärgeschichte zu erkennen und gleichzeitig die Einzigartigkeit des russischen Falls zu betonen.

2
Die frühen Kriege im 17. Jahrhundert

2.1 Der Krieg gegen Schweden

- Der Krieg gegen Schweden im 17.
- Jahrhundert stellt einen entscheidenden Wendepunkt in der militärischen Geschichte Russlands dar. Diese Auseinandersetzung war nicht nur ein Kampf um territoriale Vorherrschaft, sondern auch ein bedeutender Schritt in der Entwicklung einer nationalen Identität und militärischen Strategie für Russland. Die Konflikte zwischen Russland und Schweden waren geprägt von wechselnden Allianzen, strategischen Fehlschlägen und bemerkenswerten Siegen, die die geopolitische Landschaft Nordeuropas nachhaltig veränderten.

Ein zentraler Aspekt des Krieges war die Schlacht von Narva im Jahr 1700, bei der die russischen Truppen unter dem Kommando von Peter dem Großen eine vernichtende Niederlage erlitten. Trotz dieser Rückschläge führte Peter seine Reformen fort, um das russische Militär zu modernisieren und zu stärken. Er erkannte, dass eine effektive Marine notwendig war, um den Einfluss Schwedens im Ostseeraum zu brechen und den Zugang zu Handelsrouten zu sichern.

- Die entscheidende Wende kam mit der Schlacht von Poltawa im Jahr 1709.
- Hier gelang es den russischen Streitkräften, die schwedische Armee unter König Karl XII. entscheidend zu besiegen. Dieser Sieg markierte nicht nur das Ende der schwedischen Dominanz in Nordeuropa, sondern festigte auch Peters Position als reformatorischer Herrscher und trug zur Etablierung Russlands als aufstrebende Großmacht bei.

Die Auswirkungen des Krieges waren weitreichend: Russland erlangte nicht nur territoriale Gewinne wie Livland und Estland, sondern auch einen Platz an den Verhandlungstischen europäischer Mächte. Die militärischen Erfolge führten zudem zur Stärkung des Selbstbewusstseins innerhalb der russischen Gesellschaft und förderten das Gefühl einer gemeinsamen nationalen Identität.

Zusammenfassend lässt sich sagen, dass der Krieg gegen Schweden nicht nur ein militärischer Konflikt war, sondern auch eine Zeit tiefgreifender Veränderungen für Russland darstellte. Die Lehren aus diesem Krieg prägten zukünftige militärische Strategien und trugen zur Formung eines modernen Staates bei.

2.2 Die Rolle der Kosaken

- Die Kosaken spielten im 17.
- Jahrhundert eine entscheidende Rolle in den militärischen und politischen Auseinandersetzungen, die Russland prägten. Diese Gruppe von Kriegern, die oft als ungebundene und unabhängige Kämpfer angesehen wurden, war nicht nur für ihre militärischen Fähigkeiten bekannt, sondern auch für ihre einzigartige soziale Struktur und Kultur. Ihre Bedeutung erstreckte sich über die Grenzen des Krieges hinaus und beeinflusste die Entwicklung der russischen Identität sowie die geopolitische Landschaft.

Im Kontext der frühen Kriege, insbesondere während des Konflikts gegen Schweden, waren die Kosaken oft an vorderster Front aktiv. Sie dienten nicht nur als Soldaten, sondern auch als Spione und Aufklärer. Ihre Fähigkeit, sich schnell zu bewegen und in unwegsamem Gelände zu kämpfen, machte sie zu einem wertvollen Bestandteil der russischen Streitkräfte. Besonders hervorzuheben ist ihre Teilnahme an der Schlacht von Poltawa im Jahr 1709, wo sie entscheidend zur Niederlage der schwedischen Armee beitrugen.

Die Kosaken waren jedoch nicht nur passive Teilnehmer an den Konflikten; sie hatten auch eigene politische Ambitionen. In vielen Fällen strebten sie nach Autonomie oder sogar Unabhängigkeit von zentralen Autoritäten wie dem Zaren. Diese Spannungen führten häufig zu Konflikten zwischen den Kosaken und der russischen Regierung, was wiederum das Bild einer fragmentierten Gesellschaft zeichnete. Die Kosaken forderten mehr Einfluss auf Entscheidungen, die ihr Leben betrafen, was letztlich zur Entstehung eines komplexen Verhältnisses zwischen ihnen und dem Zaren führte.

Ein weiterer wichtiger Aspekt war die kulturelle Dimension der Kosaken. Sie entwickelten eine eigene Identität geprägt von Traditionen, Bräuchen und einer starken Gemeinschaftsbindung. Diese kulturellen Elemente trugen dazu bei, dass sie nicht nur als militärische Einheit wahrgenommen wurden, sondern auch als Träger einer spezifischen Lebensweise innerhalb des russischen Reiches.

- Zusammenfassend lässt sich sagen, dass die Rolle der Kosaken im 17.
- Jahrhundert weit über das Militärische hinausging. Sie waren ein Symbol für Unabhängigkeit und Widerstandskraft in einer Zeit großer Umwälzungen und trugen maßgeblich zur Formung des nationalen Bewusstseins in Russland bei.

2.3 Auswirkungen auf die nationale Identität

- Die frühen Kriege im 17.
- Jahrhundert hatten tiefgreifende Auswirkungen auf die nationale Identität Russlands, die sich in einem komplexen Zusammenspiel von militärischen, sozialen und kulturellen Faktoren manifestierten. Diese Konflikte führten nicht nur zu territorialen Veränderungen, sondern auch zu einer verstärkten Wahrnehmung eines gemeinsamen russischen Selbstverständnisses, das über regionale Unterschiede hinausging.

Ein zentraler Aspekt war die Rolle der Kosaken, deren militärische Erfolge und kulturelle Eigenheiten zur Herausbildung eines nationalen Bewusstseins beitrugen. Die Kosaken wurden zunehmend als Symbol für den Widerstand gegen äußere Bedrohungen wahrgenommen. Ihre Kämpfe gegen Schweden und andere Mächte schufen ein Gefühl der Einheit unter den verschiedenen ethnischen Gruppen innerhalb des Reiches. Diese Einigkeit wurde durch gemeinsame Feindbilder gefestigt, was dazu führte, dass sich viele Russen stärker mit dem Konzept einer russischen Nation identifizierten.

Darüber hinaus förderte der Krieg auch eine stärkere Zentralisierung der Macht unter dem Zaren, was wiederum das nationale Bewusstsein beeinflusste. Der Zarenhof begann, eine nationalistische Rhetorik zu verwenden, um Loyalität und Zusammenhalt zu fördern. Dies führte zur Schaffung von Mythen und Narrativen über die Größe Russlands und dessen historische Mission, die bis heute nachwirken.

Die kulturellen Ausdrucksformen jener Zeit trugen ebenfalls zur Formung der nationalen Identität bei. Literatur, Musik und Kunst begannen zunehmend Themen zu behandeln, die mit dem Krieg und dem damit verbundenen Heldentum verknüpft waren. Diese Werke reflektierten nicht nur den Stolz auf militärische Errungenschaften, sondern auch eine tiefere Auseinandersetzung mit Fragen von Identität und Zugehörigkeit.

- Zusammenfassend lässt sich sagen, dass die frühen Kriege im 17.
- Jahrhundert einen entscheidenden Beitrag zur Entwicklung einer nationalen Identität in Russland leisteten. Sie schufen ein Gefühl der Gemeinschaft unter den Bürgern und förderten ein kollektives Bewusstsein für eine gemeinsame Geschichte und Kultur – Elemente, die bis in die moderne russische Gesellschaft hineinwirken.

3
Der Große Nordische Krieg (1700-1721)

3.1 Strategien und Taktiken Peter des Großen

Die Strategien und Taktiken von Peter dem Großen während des Großen Nordischen Krieges sind entscheidend für das Verständnis seiner militärischen Reformen und der Transformation Russlands zu einer europäischen Großmacht. Peters Vision war es, Russland aus seiner Isolation zu befreien und es in die europäische Staatengemeinschaft zu integrieren. Dies erforderte nicht nur eine Modernisierung der Armee, sondern auch eine grundlegende Neuausrichtung der militärischen Denkweise.

Ein zentrales Element von Peters Strategie war die Einführung westlicher Militärtaktiken und -technologien. Er reiste durch Europa, um moderne Kriegstechniken zu studieren, insbesondere in den Bereichen Artillerie und Marine. Diese Erkenntnisse setzte er um, indem er neue Ausbildungsprogramme für Soldaten einführte und die Organisation der Truppen reformierte. Die Schaffung einer stehenden Armee, die auf Disziplin und professioneller Ausbildung basierte, stellte einen radikalen Bruch mit den traditionellen Rekrutierungsmethoden dar.

Peters Taktik im Feld beinhaltete oft überraschende Manöver und schnelle Bewegungen, um den Feind zu überlisten. Ein Beispiel dafür ist die Schlacht von Poltawa im Jahr 1709, wo er seine Truppen strategisch positionierte und durch geschickte Flankenangriffe die schwedische Armee entscheidend schlug. Diese Schlacht markierte einen Wendepunkt im Krieg und demonstrierte die Effektivität seiner neuen militärischen Ansätze.

- Integration westlicher Militärtaktiken
- Schaffung einer professionellen stehenden Armee
- Einsatz von Überraschungsmanövern in Schlachten

Insgesamt zeigen Peters Strategien und Taktiken eine bemerkenswerte Fähigkeit zur Anpassung an sich verändernde Bedingungen sowie ein tiefes Verständnis für die Notwendigkeit von Innovationen im Militärwesen. Seine Reformen legten den Grundstein für Russlands Aufstieg als bedeutende Macht in Europa.

Zudem legte Peter großen Wert auf die Entwicklung einer starken Marine, um Russland Zugang zu den Handelsrouten des Ostseeraums zu verschaffen. Der Bau neuer Schiffe und Werften an der Ostsee war Teil seines Plans zur Sicherung maritimer Dominanz. Diese maritime Strategie ermöglichte es Russland nicht nur, seine territorialen Ansprüche durchzusetzen, sondern auch als ernstzunehmender Akteur in internationalen Angelegenheiten aufzutreten.

3.2 Schlüsselschlachten und Wendepunkte

Die Schlüsselschlachten des Großen Nordischen Krieges sind nicht nur entscheidende militärische Auseinandersetzungen, sondern auch Wendepunkte, die den Verlauf der Geschichte Europas nachhaltig beeinflussten. Diese Schlachten verdeutlichen die strategischen Veränderungen und die Entwicklung der militärischen Taktiken, die unter Peter dem Großen eingeführt wurden.

- Ein herausragendes Beispiel ist die Schlacht von Narva</</strong>, die 1700 stattfand. Trotz einer zahlenmäßig unterlegenen russischen Armee gelang es Peter dem Großen, durch überraschende Manöver und eine unkonventionelle Taktik einen ersten Sieg über die schwedische Armee zu erringen. Dieser Sieg war jedoch nur von kurzer Dauer, da er in den folgenden Jahren mit schweren Niederlagen konfrontiert wurde, insbesondere bei der Schlacht von Klissow im Jahr 1702.
- Diese Niederlage führte zu einem Umdenken in Peters Strategie und zur Notwendigkeit weiterer Reformen.
- Der entscheidende Wendepunkt kam jedoch mit der Schlacht von Poltawa im Jahr 1709.
- Hier konnte Peter seine neu formierte Armee erfolgreich gegen das schwedische Heer führen. Die Kombination aus besserer Ausbildung, moderner Artillerie und strategischer Planung führte zu einem überwältigenden Sieg für Russland. Dieser Sieg markierte nicht nur das Ende der schwedischen Dominanz in Osteuropa, sondern festigte auch Russlands Status als aufstrebende Großmacht.

Ein weiterer bedeutender Moment war die **Seeschlacht von Gangut**, die 1714 stattfand. Diese Schlacht stellte den ersten großen maritimen Erfolg Russlands dar und demonstrierte Peters Engagement für den Aufbau einer starken Marine. Der Sieg über die schwedische Flotte sicherte Russland den Zugang zu wichtigen Handelsrouten und stärkte seine Position im Ostseeraum.

Zusammenfassend lässt sich sagen, dass diese Schlüsselschlachten nicht nur militärische Erfolge waren, sondern auch symbolisch für den Wandel Russlands hin zu einer modernen europäischen Macht stehen. Sie verdeutlichen Peters Fähigkeit zur Anpassung an neue Herausforderungen sowie seine Entschlossenheit, Russland auf der internationalen Bühne zu etablieren.

3.3 Politische Konsequenzen für Russland

Die politischen Konsequenzen des Großen Nordischen Krieges waren für Russland von entscheidender Bedeutung und trugen maßgeblich zur Transformation des Landes in eine europäische Großmacht bei. Der Krieg führte nicht nur zu territorialen Gewinnen, sondern auch zu einer grundlegenden Neuausrichtung der russischen Außenpolitik und der inneren Strukturen.

Nach dem Sieg in der Schlacht von Poltawa 1709 erlangte Russland die Kontrolle über wichtige Gebiete im Baltikum, darunter Estland, Livland und Teile Lettlands. Diese Gebietsgewinne ermöglichten es Russland, direkten Zugang zur Ostsee zu erhalten, was den Handel und die maritime Präsenz Russlands erheblich stärkte. Die Gründung von Sankt Petersburg als neue Hauptstadt im Jahr 1703 symbolisierte diesen Wandel und stellte einen strategischen Hafen dar, der den westlichen Einfluss förderte.

Politisch gesehen führte der Krieg auch zu einer Stärkung der zentralen Autorität unter Peter dem Großen. Um die militärischen Misserfolge in den frühen Kriegsjahren auszugleichen, initiierte Peter umfassende Reformen in Verwaltung, Militär und Gesellschaft. Er schuf ein modernes stehendes Heer und eine Marine sowie ein neues Verwaltungssystem, das auf meritokratischen Prinzipien basierte. Diese Reformen führten dazu, dass die Adligen mehr Verantwortung übernahmen und sich stärker an staatlichen Angelegenheiten beteiligten.

Ein weiterer wichtiger Aspekt war die Veränderung Russlands im internationalen Kontext. Der Krieg markierte den Übergang von einer regionalen Macht zu einem ernstzunehmenden Akteur auf der europäischen Bühne. Durch diplomatische Allianzen mit Ländern wie Dänemark und Sachsen konnte Russland seine Position festigen und seine Interessen in Nordeuropa durchsetzen.

- Zusammenfassend lässt sich sagen, dass die politischen Konsequenzen des Großen Nordischen Krieges weitreichend waren: Sie führten nicht nur zu territorialen Expansionen und einer stärkeren Zentralregierung, sondern auch zu einem neuen Selbstbewusstsein Russlands als europäischer Machtfaktor. Diese Entwicklungen legten den Grundstein für zukünftige Konflikte sowie für Russlands Rolle im geopolitischen Gefüge Europas im 18.
- Jahrhundert.

4
Die Napoleonischen Kriege (1805-1815)

4.1 Russlands Eintritt in den Krieg

Der Eintritt Russlands in die Napoleonischen Kriege im Jahr 1805 war ein entscheidender Moment, der nicht nur die militärische Landschaft Europas veränderte, sondern auch die geopolitischen Ambitionen des Zarenreichs neu definierte. Russland trat dem Dritten Koalitionskrieg gegen Frankreich bei, motiviert durch eine Kombination aus strategischen Überlegungen und dem Bestreben, die eigene Machtposition in Europa zu festigen.

Ein zentraler Aspekt von Russlands Entscheidung war die wachsende Besorgnis über Napoleons Expansion und seine Ambitionen, das europäische Gleichgewicht zu stören. Der Frieden von Tilsit (1807) hatte zwar kurzfristig eine Allianz zwischen Russland und Frankreich geschaffen, doch bereits bald darauf wurde deutlich, dass diese Partnerschaft auf wackeligen Füßen stand. Die russische Führung unter Zar Alexander I. sah sich gezwungen, ihre außenpolitischen Strategien zu überdenken und sich gegen die französische Dominanz zu positionieren.

Die Mobilisierung der russischen Truppen begann im Jahr 1805 als Reaktion auf Napoleons aggressive Außenpolitik. Die russische Armee war jedoch nicht optimal vorbereitet; sie litt unter logistischen Problemen und einer unzureichenden Ausbildung ihrer Offiziere. Dennoch gelang es den Russen, sich mit anderen europäischen Mächten wie Österreich und Großbritannien zusammenzuschließen, um einen vereinten Widerstand gegen Napoleon zu organisieren.

- Die Schlacht von Austerlitz im Dezember 1805 stellte einen Wendepunkt dar: Trotz anfänglicher Erfolge erlitt die Koalition eine vernichtende Niederlage.
- Russland musste seine Strategie anpassen und zog sich vorübergehend aus dem Konflikt zurück, um seine Kräfte neu zu formieren.
- Diese Rückschläge führten zur Erkenntnis, dass eine langfristige Strategie notwendig war, um Napoleons Einfluss nachhaltig einzudämmen.

In den folgenden Jahren intensivierten sich die Spannungen zwischen Russland und Frankreich weiter. Der Bruch der Allianz führte letztlich zum entscheidenden Krieg von 1812, als Russland entschied, offen gegen Napoleon zu kämpfen. Diese Entscheidung sollte nicht nur das Schicksal Russlands bestimmen, sondern auch das gesamte europäische Machtgefüge nachhaltig verändern.

4.2 Die Schlacht von Borodino

- Die Schlacht von Borodino, die vom 5.
- bis 7.
- September 1812 stattfand, gilt als eine der blutigsten und entscheidendsten Auseinandersetzungen der Napoleonischen Kriege. Diese Schlacht war nicht nur ein militärisches Aufeinandertreffen zwischen den französischen Truppen unter Napoleon Bonaparte und der russischen Armee unter dem Kommando von General Michail Kutusow, sondern auch ein symbolischer Ausdruck des russischen Widerstands gegen die französische Invasion.

Die strategische Bedeutung von Borodino lag in seiner Position auf dem Weg nach Moskau, das für Napoleon als Ziel seiner Kampagne von zentraler Bedeutung war. Die Russen waren sich der Überlegenheit der französischen Armee bewusst, entschieden sich jedoch für einen standhaften Widerstand. Kutusow wählte eine defensive Strategie und ließ starke Befestigungen errichten, um die französischen Angriffe abzuwehren. Dies führte zu einem erbitterten Kampf, bei dem beide Seiten enorme Verluste erlitten.

Die Kämpfe zeichneten sich durch ihre Intensität aus; Schätzungen zufolge verloren beide Seiten zusammen über 70.000 Soldaten an diesem blutigen Tag. Besonders bemerkenswert ist die Rolle der Artillerie in dieser Schlacht: Die Russen setzten ihre Geschütze effektiv ein, um die vorrückenden französischen Truppen zu dezimieren. Trotz dieser Erfolge gelang es den Franzosen schließlich, einige strategisch wichtige Positionen einzunehmen.

Ein weiterer wichtiger Aspekt der Schlacht war die moralische Dimension: Während die Franzosen taktisch siegten und Borodino besetzten, wurde dies nicht als klarer Sieg wahrgenommen. Der hohe Verlust an Menschenleben und die Unfähigkeit Napoleons, einen entscheidenden Durchbruch zu erzielen, führten dazu, dass viele Historiker diese Schlacht als Pyrrhussieg betrachten. Für Russland stellte Borodino einen Wendepunkt dar; es festigte den nationalen Zusammenhalt und den Willen zur Verteidigung des Vaterlandes.

Insgesamt kann gesagt werden, dass die Schlacht von Borodino nicht nur eine militärische Auseinandersetzung war, sondern auch tiefgreifende Auswirkungen auf das nationale Bewusstsein Russlands hatte und letztlich zur Niederlage Napoleons im Russlandfeldzug beitrug.

4.3 Der Rückzug aus Moskau

- Der Rückzug aus Moskau, der im Oktober 1812 begann, stellt einen der dramatischsten und tragischsten Abschnitte in Napoleons Russlandfeldzug dar. Nach dem vorübergehenden Erfolg der französischen Armee bei der Einnahme Moskaus am 14.
- September sah sich Napoleon mit einer Reihe von Herausforderungen konfrontiert, die seine gesamte Strategie in Frage stellten. Die Stadt war zwar erobert, doch die erhoffte Kapitulation des Zaren blieb aus, und die russische Armee zog sich strategisch zurück.

Ein entscheidender Faktor für den katastrophalen Rückzug war das harsche Wetter. Der Winter in Russland ist berüchtigt für seine extremen Temperaturen und widrigen Bedingungen. Bereits Ende Oktober begannen die Temperaturen zu sinken, was die französischen Truppen unvorbereitet traf. Viele Soldaten litten unter Erfrierungen und Krankheiten, während sie versuchten, sich durch das unwegsame Gelände zu bewegen.

Zusätzlich zur Witterung stellte auch die russische Taktik eine erhebliche Herausforderung dar. Die Russen setzten auf eine Strategie der verbrannten Erde: Dörfer wurden niedergebrannt und Vorräte zerstört, um den Franzosen den Nachschub zu verwehren. Dies führte dazu, dass Napoleons Truppen immer weiter in feindliches Gebiet vordringen mussten, ohne ausreichende Ressourcen zur Verfügung zu haben.

- Die moralische Erschöpfung der Soldaten wuchs mit jedem Tag des Rückzugs.
- Die ständigen Überfälle von Kosaken verstärkten das Gefühl der Unsicherheit und Angst unter den französischen Truppen.
- Die Disziplin innerhalb der Armee begann zu bröckeln; Plünderungen und Desertionen nahmen zu.

Der Rückzug mündete schließlich in eine chaotische Flucht über die Beresina im November 1812, wo viele Soldaten ihr Leben verloren oder gefangen genommen wurden. Historiker betrachten diesen Rückzug nicht nur als militärisches Desaster, sondern auch als Wendepunkt für Napoleons Herrschaft in Europa. Der Verlust von mehr als 400.000 Soldaten markierte das Ende seiner Unbesiegbarkeit und leitete eine Phase des Niedergangs ein.

5
Der Krimkrieg (1853-1856)

5.1 Ursachen und Auslöser des Konflikts

- Die Ursachen und Auslöser des Krimkriegs sind vielschichtig und reichen tief in die geopolitischen Spannungen des 19.
- Jahrhunderts hinein. Der Konflikt, der zwischen 1853 und 1856 stattfand, war nicht nur ein militärisches Aufeinandertreffen, sondern auch das Ergebnis komplexer politischer, wirtschaftlicher und sozialer Faktoren, die sich über Jahre hinweg entwickelt hatten.

Ein zentraler Aspekt war das Streben Russlands nach einer stärkeren Einflussnahme im Schwarzen Meer und den Dardanellen. Diese Region war von strategischer Bedeutung für den Handel sowie für den Zugang zu warmen Gewässern, was für Russland von großer Wichtigkeit war, da es auf kalte Küsten beschränkt war. Die Expansion Russlands in diese Gebiete stieß jedoch auf Widerstand seitens der europäischen Mächte, insbesondere Großbritanniens und Frankreichs, die ihre eigenen imperialen Interessen verfolgten.

Ein weiterer entscheidender Faktor waren die religiösen Spannungen innerhalb des Osmanischen Reiches. Die russische Regierung stellte sich als Beschützer der orthodoxen Christen im Osmanischen Reich dar, was als Vorwand genutzt wurde, um militärisch intervenieren zu können. Diese Rolle führte zu einem direkten Konflikt mit dem Osmanischen Reich und verstärkte die Rivalität zwischen Russland und den westlichen Mächten.

Zusätzlich spielten interne Probleme in Russland eine Rolle. Die Reformbewegungen unter Zar Nikolaus I., die darauf abzielten, das Land zu modernisieren und seine militärische Stärke zu erhöhen, führten zu Spannungen innerhalb der Gesellschaft. Diese Reformen wurden oft als unzureichend angesehen und trugen zur Unzufriedenheit bei.

- **Geopolitische Ambitionen:** Russlands Bestreben nach Kontrolle über strategische Handelsrouten.
- **Religiöse Spannungen:** Der Schutz der orthodoxen Christen als Vorwand für militärisches Eingreifen.
- **Interne Reformen:** Unruhen aufgrund unzureichender Modernisierungsmaßnahmen in Russland.

- Insgesamt lässt sich sagen, dass der Krimkrieg aus einem Zusammenspiel von geopolitischen Ambitionen, religiösen Konflikten und internen Herausforderungen resultierte. Diese Faktoren schufen ein explosives Umfeld, das letztlich zum Ausbruch eines der bedeutendsten Konflikte des 19.
- Jahrhunderts führte.

5.2 Strategische Fehler und Rückschläge

Die strategischen Fehler und Rückschläge während des Krimkriegs sind entscheidend für das Verständnis der militärischen Misserfolge und der politischen Konsequenzen, die sich aus diesem Konflikt ergaben. Diese Fehler waren nicht nur auf militärische Entscheidungen zurückzuführen, sondern auch auf unzureichende Planung, mangelnde Koordination zwischen den Alliierten und eine fehlerhafte Einschätzung der gegnerischen Kräfte.

Einer der gravierendsten strategischen Fehler war die Unterschätzung der russischen Verteidigungsfähigkeit. Die Alliierten, insbesondere Großbritannien und Frankreich, gingen davon aus, dass sie mit ihrer überlegenen Technologie und Taktik schnell einen Sieg erringen könnten. Diese Fehleinschätzung führte zu einer Reihe von kostspieligen Angriffen, wie dem gescheiterten Sturm auf Sewastopol, wo die Alliierten in einem langwierigen Belagerungskrieg gefangen waren.

Ein weiterer bedeutender Rückschlag war die mangelhafte Logistik und Versorgung der Truppen. Die britische Armee litt unter unzureichender Ausrüstung und Nahrungsmittelversorgung, was zu hohen Verlusten durch Krankheiten führte. Der Winter 1854/55 stellte eine zusätzliche Herausforderung dar; viele Soldaten starben nicht nur im Kampf, sondern auch an Kälte und Hunger. Diese Situation wurde durch ineffiziente Kommunikationswege zwischen den Kommandeuren weiter verschärft.

Zusätzlich kam es zu internen Konflikten innerhalb der alliierten Streitkräfte. Unterschiedliche militärische Strategien führten zu Spannungen zwischen britischen und französischen Offizieren. Ein Beispiel hierfür ist das Missverhältnis zwischen Lord Raglan, dem britischen Oberbefehlshaber, und seinen französischen Kollegen unter General Bosquet. Diese Uneinigkeit verhinderte eine effektive Zusammenarbeit im Feld.

Schließlich trugen auch politische Überlegungen zur Komplexität des Krieges bei. Die Alliierten hatten unterschiedliche Ziele: Während Großbritannien vor allem seine Handelsinteressen schützen wollte, strebte Frankreich nach territorialer Expansion im Osmanischen Reich. Diese divergierenden Interessen führten dazu, dass strategische Entscheidungen oft zugunsten kurzfristiger politischer Vorteile getroffen wurden.

Insgesamt zeigen diese strategischen Fehler und Rückschläge nicht nur die Herausforderungen des Krimkriegs auf, sondern verdeutlichen auch die Notwendigkeit einer kohärenten Strategie sowie einer effektiven Zusammenarbeit zwischen den Alliierten in zukünftigen Konflikten.

5.3 Folgen für das russische Militär

Die Folgen des Krimkriegs für das russische Militär waren tiefgreifend und wirkten sich nachhaltig auf die militärische Struktur, Strategie und Organisation des Landes aus. Der Krieg offenbarte gravierende Mängel in der russischen Armee, die nicht nur zu einem strategischen Rückschlag führten, sondern auch eine umfassende Reformbewegung einleiteten.

Eine der unmittelbarsten Konsequenzen war die Erkenntnis über die veralteten Taktiken und Technologien, die von den russischen Streitkräften verwendet wurden. Die Niederlagen gegen die Alliierten zeigten, dass Russland in vielen Bereichen hinter den westlichen Mächten zurückgeblieben war. Dies führte zu einer intensiven Diskussion über Modernisierung und Reformen innerhalb des Militärs. Insbesondere unter dem Einfluss von Militärreformern wie General Dmitri Miliutin wurde ein umfassendes Reformprogramm initiiert, das sowohl organisatorische als auch technische Aspekte umfasste.

Ein zentraler Punkt dieser Reformen war die Einführung eines neuen Wehrsystems, das auf dem Prinzip der allgemeinen Wehrpflicht basierte. Diese Maßnahme sollte sicherstellen, dass eine größere Anzahl von Soldaten mobilisiert werden konnte und gleichzeitig die Ausbildung verbessert wurde. Zudem wurde der Fokus auf moderne Waffentechnologien gelegt; Russland begann, ausländische Waffen zu importieren und eigene Produktionsstätten auszubauen.

Darüber hinaus führte der Krieg zu einer verstärkten Professionalisierung des Offizierskorps. Die Notwendigkeit einer besseren Ausbildung und Qualifikation der Führungskräfte wurde erkannt, was zur Gründung neuer Militärakademien führte. Diese Institutionen sollten sicherstellen, dass zukünftige Offiziere nicht nur militärisches Wissen erwarben, sondern auch strategisches Denken und moderne Kriegsführung erlernten.

Die politischen Implikationen des Krieges hatten ebenfalls Auswirkungen auf das Militär. Der Verlust an Prestige führte dazu, dass Zar Alexander II. gezwungen war, seine Außenpolitik zu überdenken und diplomatische Beziehungen mit anderen Nationen zu stärken. Dies hatte zur Folge, dass Russland versuchte, sich als moderner Staat zu präsentieren und internationale Allianzen aufzubauen.

- Insgesamt lässt sich festhalten, dass der Krimkrieg für das russische Militär einen Wendepunkt darstellte: Er legte nicht nur Schwächen offen, sondern initiierte auch einen Prozess der grundlegenden Reformen und Modernisierungen, dessen Auswirkungen bis ins 20.
- Jahrhundert spürbar waren.

6
Der Erste Weltkrieg (1914-1918)

6.1 Mobilisierung und erste Kämpfe

Die Mobilisierung zu Beginn des Ersten Weltkriegs war ein entscheidender Moment, der die Weichen für die kommenden Konflikte stellte. In den ersten Wochen nach der Kriegserklärung mobilisierten die europäischen Mächte ihre Streitkräfte in einem Ausmaß, das zuvor unvorstellbar gewesen war. Diese Mobilisierungen waren nicht nur militärische Operationen, sondern auch gesellschaftliche Phänomene, die tiefgreifende Auswirkungen auf die Zivilbevölkerung hatten.

- In Deutschland beispielsweise wurde die allgemeine Mobilmachung am 1.
- August 1914 ausgerufen. Dies führte zu einer massiven Bewegung von Soldaten und Material an die Fronten. Die deutsche Kriegsführung basierte auf dem Schlieffen-Plan, der eine schnelle Niederlage Frankreichs vorsah, gefolgt von einem Umzug gegen Russland. Diese Strategie erforderte eine präzise Koordination und eine rasche Mobilisierung aller verfügbaren Ressourcen.

Auf der anderen Seite mobilisierte Russland seine Truppen ebenfalls schnell, was jedoch durch logistische Probleme und ineffiziente Kommunikation erschwert wurde. Die russische Armee war zahlenmäßig stark, litt jedoch unter mangelhafter Ausrüstung und schlechter Vorbereitung. Dies führte zu frühen Rückschlägen in den Kämpfen gegen Deutschland und Österreich-Ungarn.

Die ersten Kämpfe des Krieges fanden vor allem an der Westfront statt, wo sich die deutschen Truppen mit den Alliierten trafen. Die Schlacht bei Tannenberg im August 1914 ist ein Beispiel für einen entscheidenden Sieg der Deutschen über die Russen, während gleichzeitig an der Marne ein Wendepunkt für die Alliierten markiert wurde. Hier gelang es den französischen und britischen Truppen, den deutschen Vormarsch zu stoppen und eine Stagnation des Krieges einzuleiten.

Diese frühen Auseinandersetzungen prägten nicht nur das militärische Geschehen, sondern beeinflussten auch das öffentliche Bewusstsein in den beteiligten Ländern erheblich. Propaganda spielte eine zentrale Rolle dabei, das nationale Gefühl zu stärken und Unterstützung für den Krieg zu mobilisieren. Der Enthusiasmus der Bevölkerung war anfänglich hoch; viele glaubten an einen kurzen Krieg mit schnellen Siegen.

- Zusammenfassend lässt sich sagen, dass die Mobilisierung und die ersten Kämpfe des Ersten Weltkriegs nicht nur militärische Strategien widerspiegelten, sondern auch tiefere soziale und politische Dynamiken offenbarten, die das gesamte 20.
- Jahrhundert prägen sollten.

6.2 Innere Unruhen und Revolutionen

Die inneren Unruhen und Revolutionen während des Ersten Weltkriegs sind entscheidende Faktoren, die nicht nur den Verlauf des Krieges beeinflussten, sondern auch die politischen Landschaften in vielen europäischen Ländern nachhaltig veränderten. Diese Unruhen waren oft das Ergebnis von sozialen Spannungen, wirtschaftlichen Schwierigkeiten und der allgemeinen Kriegsmüdigkeit der Bevölkerung.

In Deutschland beispielsweise führte die anhaltende Kriegsführung zu einer massiven Belastung der Zivilbevölkerung. Die Lebensmittelknappheit, verursacht durch Blockaden und ineffiziente Verteilungssysteme, führte zu Protesten und Streiks. Im Jahr 1917 kam es in mehreren Städten zu Hungerunruhen, bei denen Menschen gegen die schlechten Lebensbedingungen auf die Straße gingen. Diese Unzufriedenheit wurde von sozialistischen Bewegungen aufgegriffen, die eine grundlegende Umgestaltung der Gesellschaft forderten.

Ein weiteres Beispiel für innere Unruhen fand in Russland statt. Der Krieg hatte das Land stark geschwächt; militärische Niederlagen und hohe Verluste führten zur Entstehung einer revolutionären Stimmung unter den Soldaten und Arbeitern. Die Februarrevolution 1917 war ein Wendepunkt: Sie führte zum Sturz des Zaren Nikolaus II. und zur Bildung einer provisorischen Regierung. Doch diese Regierung konnte die Probleme nicht lösen, was schließlich zur Oktoberrevolution führte, bei der die Bolschewiki unter Wladimir Lenin an die Macht kamen.

Diese revolutionären Bewegungen waren nicht isoliert; sie spiegelten ein breiteres europäisches Phänomen wider. In Österreich-Ungarn gab es ebenfalls ethnische Spannungen und Forderungen nach Autonomie von verschiedenen Nationalitäten wie den Tschechen und Ungarn. Diese Konflikte trugen zur Destabilisierung des Vielvölkerstaates bei und führten letztlich zu dessen Zerfall nach dem Krieg.

- Zusammenfassend lässt sich sagen, dass innere Unruhen und Revolutionen während des Ersten Weltkriegs nicht nur Ausdruck der unmittelbaren Krisensituationen waren, sondern auch tiefgreifende gesellschaftliche Veränderungen einleiteten, deren Auswirkungen bis weit ins 20.
- Jahrhundert hinein spürbar blieben.

6.3 Das Ende der Zarenherrschaft

Das Ende der Zarenherrschaft in Russland war ein entscheidender Wendepunkt in der Geschichte des Landes und hatte weitreichende Auswirkungen auf die politische Landschaft Europas. Die Unruhen, die zur Abdankung von Zar Nikolaus II. führten, waren das Ergebnis einer Vielzahl von Faktoren, darunter soziale Ungleichheit, wirtschaftliche Not und die verheerenden Folgen des Ersten Weltkriegs.

Die Februarrevolution 1917 stellte den ersten großen Umbruch dar. Die Unzufriedenheit unter den Arbeitern und Soldaten wuchs stetig, während die militärischen Misserfolge Russlands im Krieg zu einer tiefen Frustration führten. Hunger und Armut trugen zur allgemeinen Unruhe bei; viele Menschen litten unter Nahrungsmittelknappheit und schlechten Lebensbedingungen. Diese sozialen Spannungen entluden sich in massiven Protesten, die schließlich zur Bildung von Sowjets – Arbeiter- und Soldatenräten – führten.

Die provisorische Regierung, die nach der Abdankung des Zaren an die Macht kam, war jedoch nicht in der Lage, die drängenden Probleme zu lösen. Ihre Versuche, den Krieg fortzusetzen und Reformen einzuleiten, stießen auf Widerstand sowohl von der Bevölkerung als auch von radikalen politischen Gruppen wie den Bolschewiki. Diese Opposition führte zu einem weiteren Aufschwung revolutionärer Aktivitäten und mündete schließlich in die Oktoberrevolution 1917.

Ein weiterer wichtiger Aspekt des Endes der Zarenherrschaft war das Versagen des autokratischen Systems selbst. Der Zar hatte es versäumt, auf die Bedürfnisse seiner Untertanen einzugehen oder Reformen einzuleiten, um das Vertrauen in seine Herrschaft zu stärken. Stattdessen wurde er zunehmend isoliert und verlor jegliche Unterstützung aus dem Adel sowie aus dem Militär.

Zusammenfassend lässt sich sagen, dass das Ende der Zarenherrschaft nicht nur eine Reaktion auf unmittelbare Krisensituationen war, sondern auch das Ergebnis eines langen Prozesses gesellschaftlicher Veränderungen darstellt. Die Revolutionen von 1917 schufen einen neuen politischen Rahmen für Russland und leiteten eine Ära ein, deren Auswirkungen bis heute spürbar sind.

7
Bürgerkrieg in Russland (1917-1922)

7.1 Rote Armee vs. Weiße Armee

Der Bürgerkrieg in Russland (1917-1922) war ein entscheidender Konflikt, der die politische und soziale Landschaft des Landes nachhaltig veränderte. Im Zentrum dieses Krieges standen zwei Hauptakteure: die Rote Armee, die die Bolschewiki unterstützte, und die Weiße Armee, ein loses Bündnis von monarchistischen, liberalen und sozialistischen Kräften, die gegen das bolschewistische Regime kämpften. Das Aufeinandertreffen dieser beiden militärischen Kräfte war nicht nur ein Kampf um Macht, sondern auch um Ideologie und Zukunftsvisionen für Russland.

Die Rote Armee wurde 1918 gegründet und entwickelte sich schnell zu einer gut organisierten Streitmacht unter dem Kommando von Leon Trotzki. Ihre Stärke lag in der Fähigkeit, eine breite Basis an Unterstützung aus der Arbeiter- und Bauernschaft zu mobilisieren. Die Bolschewiki propagierten eine radikale Umverteilung des Reichtums und versprachen Frieden nach den verheerenden Verlusten des Ersten Weltkriegs. Diese Versprechen fanden besonders bei den ländlichen Massen Anklang, was der Roten Armee einen entscheidenden Vorteil verschaffte.

Im Gegensatz dazu war die Weiße Armee fragmentiert und litt unter internen Konflikten sowie einem Mangel an klarer Führung. Sie setzte sich aus verschiedenen Gruppen zusammen, darunter Monarchisten, Sozialrevolutionäre und andere anti-bolschewistische Elemente. Diese Uneinheitlichkeit führte dazu, dass sie oft strategisch schlecht koordiniert agierte. Zudem hatte die Weiße Armee Schwierigkeiten, breite gesellschaftliche Unterstützung zu gewinnen; viele Menschen sahen sie als Rückkehr zur alten Ordnung an.

Ein weiterer wichtiger Aspekt des Konflikts war die internationale Dimension: Die Intervention verschiedener ausländischer Mächte auf Seiten der Weißen Armee – darunter Großbritannien, Frankreich und Japan – verstärkte den Bürgerkrieg zusätzlich. Diese Interventionen waren jedoch oft unkoordiniert und trugen nicht wesentlich zum Erfolg der Weißen Truppen bei.

- Letztlich führte eine Kombination aus effektiver Propaganda seitens der Bolschewiki, strategischer Überlegenheit der Roten Armee sowie interner Spaltungen innerhalb der Weißen Bewegung zu einem entscheidenden Sieg für die Rote Armee im Jahr 1920.
- Der Bürgerkrieg endete mit der Festigung bolschewistischer Kontrolle über Russland und legte den Grundstein für die Gründung der Sowjetunion im Jahr 1922.

7.2 Strategien der Bolschewiki

Die Strategien der Bolschewiki während des Bürgerkriegs (1917-1922) waren entscheidend für ihren Sieg über die Weiße Armee und die Festigung ihrer Macht in Russland. Diese Strategien umfassten sowohl militärische als auch politische Maßnahmen, die darauf abzielten, eine breite Unterstützung in der Bevölkerung zu gewinnen und ihre militärischen Kräfte effektiv zu mobilisieren.

Ein zentrales Element der bolschewistischen Strategie war die Schaffung einer gut organisierten und ideologisch gefestigten Armee, bekannt als Rote Armee. Unter dem Kommando von Leon Trotzki wurde diese Streitmacht nicht nur durch Rekrutierung, sondern auch durch eine strenge Disziplin und zentrale Kontrolle geprägt. Die Bolschewiki setzten auf eine Kombination aus Freiwilligen und ehemaligen Soldaten des Zarenreichs, was es ihnen ermöglichte, schnell eine schlagkräftige Truppe aufzubauen.

Ein weiterer wichtiger Aspekt war die Nutzung von Propaganda zur Mobilisierung der Massen. Die Bolschewiki propagierten ihre Ideale von Frieden, Land und Brot, was besonders bei den ländlichen Bauern großen Anklang fand. Durch gezielte Informationskampagnen konnten sie das Vertrauen der Bevölkerung gewinnen und sich als Vertreter ihrer Interessen positionieren. Diese Propaganda wurde durch das Netzwerk von Sowjets unterstützt, die lokale Selbstverwaltung ermöglichten und somit den Menschen ein Gefühl von Mitbestimmung gaben.

Zudem nutzten die Bolschewiki strategische Allianzen mit verschiedenen sozialistischen Gruppen sowie ethnischen Minderheiten im Russischen Reich. Dies half ihnen nicht nur dabei, ihre Basis zu erweitern, sondern auch interne Konflikte innerhalb der Weißen Armee auszunutzen. Während die Weiße Bewegung oft uneinig war und verschiedene Ziele verfolgte, konnten die Bolschewiki ein kohärentes Narrativ entwickeln, das alle Klassen vereinte – vom Arbeiter bis zum Bauern.

Schließlich spielte auch die internationale Dimension eine Rolle in den bolschewistischen Strategien. Trotz anfänglicher Isolation gelang es den Bolschewiki, Unterstützung aus anderen sozialistischen Bewegungen weltweit zu mobilisieren. Diese internationale Solidarisierung stärkte nicht nur ihr Image als revolutionäre Kraft, sondern half auch bei der Beschaffung von Ressourcen und Waffen.

7.3 Auswirkungen auf die Gesellschaft

Die Auswirkungen des Bürgerkriegs in Russland (1917-1922) auf die Gesellschaft waren tiefgreifend und vielschichtig. Der Konflikt führte nicht nur zu einem massiven Verlust an Menschenleben, sondern veränderte auch die sozialen Strukturen, das wirtschaftliche Leben und das kulturelle Gefüge des Landes nachhaltig. Die Bolschewiki, die nach dem Krieg an der Macht blieben, implementierten eine Reihe von Maßnahmen, die sowohl positive als auch negative Konsequenzen für die Bevölkerung hatten.

Ein zentrales Merkmal der gesellschaftlichen Veränderungen war die Umgestaltung der Klassenstruktur. Die Bolschewiki propagierten eine klassenlose Gesellschaft und versuchten aktiv, die Machtverhältnisse zwischen den verschiedenen sozialen Schichten zu verändern. Dies führte zur Stärkung der Arbeiterklasse und zur Schwächung der traditionellen Eliten, insbesondere des Adels und der Bourgeoisie. Viele Mitglieder dieser Gruppen wurden enteignet oder flohen ins Ausland, was zu einer grundlegenden Verschiebung in den Machtverhältnissen führte.

Die ländliche Bevölkerung erlebte ebenfalls dramatische Veränderungen. Die Landreformen der Bolschewiki führten zur Kollektivierung von Landbesitz, was zwar kurzfristig einige Bauern begünstigte, langfristig jedoch oft zu Hunger und Armut führte. Die Zwangskollektivierung ab 1928 verstärkte diese Probleme weiter und führte zu weitreichenden sozialen Unruhen in den ländlichen Gebieten.

Auf kultureller Ebene brachte der Bürgerkrieg eine Welle von Propaganda mit sich, die darauf abzielte, das Bewusstsein für sozialistische Ideale zu schärfen. Bildung wurde als Schlüssel zur Schaffung einer neuen sozialistischen Gesellschaft angesehen; daher wurden zahlreiche Schulen gegründet und Bildungsprogramme initiiert. Diese Initiativen förderten nicht nur das Lesen und Schreiben unter breiten Bevölkerungsschichten, sondern auch ein neues Verständnis von sozialer Gerechtigkeit und Gleichheit.

Dennoch war diese Zeit auch geprägt von Repressionen gegen Andersdenkende. Politische Gegner wurden verfolgt oder hingerichtet; dies schuf ein Klima der Angst innerhalb der Gesellschaft. Die Geheimpolizei Tscheka spielte dabei eine zentrale Rolle bei der Unterdrückung jeglicher Opposition gegen das bolschewistische Regime.

Zusammenfassend lässt sich sagen, dass die Auswirkungen des Bürgerkriegs auf die russische Gesellschaft sowohl transformative als auch destruktive Elemente beinhalteten. Während einige soziale Fortschritte erzielt wurden, hinterließ der Krieg tiefe Wunden in Form von Verlusten an Menschenleben sowie psychologischen Traumata innerhalb der Bevölkerung.

8
Der Zweite Weltkrieg (1939-1945)

8.1 Operation Barbarossa und der Überfall auf die Sowjetunion

- Operation Barbarossa, die am 22.
- Juni 1941 begann, war der größte militärische Angriff in der Geschichte und stellte einen entscheidenden Wendepunkt im Zweiten Weltkrieg dar. Der Überfall auf die Sowjetunion wurde von Adolf Hitler als Teil seiner Strategie zur Schaffung eines "Lebensraums" im Osten konzipiert. Diese Offensive zielte darauf ab, die sowjetischen Streitkräfte schnell zu besiegen und das Land unter deutsche Kontrolle zu bringen.

Die Planung von Operation Barbarossa war geprägt von einer Mischung aus übersteigertem Selbstvertrauen und strategischen Fehleinschätzungen. Die Wehrmacht setzte auf Blitzkrieg-Taktiken, die sich in den vorherigen Feldzügen gegen Polen und Frankreich bewährt hatten. Die deutschen Truppen waren in drei Hauptgruppen unterteilt: die Nordgruppe sollte Leningrad erobern, die Mittelgruppe zielte auf Moskau ab, während die Südgruppe nach Kiew vorrücken sollte.

Trotz anfänglicher Erfolge stießen die deutschen Truppen bald auf unerwartete Widerstände. Die sowjetische Armee hatte sich zwar zunächst schlecht geschlagen, doch mit dem Eintreffen des Winters 1941 änderte sich das Blatt. Die unzureichende Vorbereitung der Wehrmacht auf den harten russischen Winter führte zu massiven Verlusten an Männern und Material. Zudem mobilisierte die sowjetische Führung unter Joseph Stalin eine enorme Anzahl von Reservisten und setzte neue Taktiken ein, um den deutschen Vormarsch zu stoppen.

Insgesamt führte Operation Barbarossa nicht nur zu enormen Verlusten auf beiden Seiten, sondern veränderte auch das geopolitische Gleichgewicht in Europa nachhaltig. Der gescheiterte Überfall leitete eine Phase ein, in der die Sowjetunion zunehmend zur militärischen Supermacht heranwuchs und schließlich entscheidend zum Sieg über Nazi-Deutschland beitrug.

- Die Schlacht um Moskau (Dezember 1941) markierte einen entscheidenden Wendepunkt, als sowjetische Truppen erfolgreich Gegenangriffe starteten.
- Die Partisanenbewegung in den besetzten Gebieten trug ebenfalls zur Schwächung der deutschen Besatzungskräfte bei.
- Der ideologische Kampf zwischen dem Nationalsozialismus und dem Kommunismus verstärkte zudem den Widerstand der sowjetischen Bevölkerung gegen die Invasoren.

8.2 Wichtige Schlachten an der Ostfront

Die Ostfront des Zweiten Weltkriegs war Schauplatz einiger der entscheidendsten und blutigsten Schlachten in der Geschichte. Diese Auseinandersetzungen prägten nicht nur den Verlauf des Krieges, sondern auch die geopolitische Landschaft Europas. Die wichtigsten Schlachten an der Ostfront sind nicht nur militärische Ereignisse, sondern auch Ausdruck von strategischen Überlegungen, ideologischen Konflikten und menschlichem Leid.

Eine der bedeutendsten Schlachten war die **Schlacht um Stalingrad**, die von August 1942 bis Februar 1943 dauerte. Diese Stadt wurde zum Symbol des sowjetischen Widerstands gegen die deutsche Wehrmacht. Der erbitterte Kampf um Stalingrad führte zu enormen Verlusten auf beiden Seiten, wobei die Rote Armee schließlich einen entscheidenden Sieg errang. Dieser Sieg markierte einen Wendepunkt im Krieg, da er das Momentum zugunsten der Sowjets verschob und den Beginn einer Reihe erfolgreicher Gegenoffensiven einleitete.

Ein weiteres wichtiges Ereignis war die **Schlacht um Kursk**, die im Sommer 1943 stattfand und als größte Panzerschlacht der Geschichte gilt. Hier versuchte die Wehrmacht, durch eine Offensive den sowjetischen Vorstoß zu stoppen und ihre Positionen zu stabilisieren. Doch die sowjetischen Streitkräfte waren gut vorbereitet und konnten mit einer erfolgreichen Verteidigung sowie einem anschließenden Gegenangriff den deutschen Angriff abwehren. Dies führte zur endgültigen Initiative der Roten Armee in den folgenden Jahren.

Die **Schlacht um Leningrad**, die von September 1941 bis Januar 1944 dauerte, ist ein weiteres Beispiel für den erbitterten Widerstand der Sowjets gegen die deutsche Belagerung. Die Stadt wurde über zwei Jahre lang belagert, was zu unvorstellbarem Hunger und Leid unter der Zivilbevölkerung führte. Dennoch hielt Leningrad stand und wurde zum Symbol für den sowjetischen Patriotismus und Widerstandswillen.

Zusammenfassend lässt sich sagen, dass diese Schlachten an der Ostfront nicht nur militärische Erfolge oder Misserfolge darstellten; sie waren auch entscheidende Momente in einem ideologischen Kampf zwischen Faschismus und Kommunismus, deren Auswirkungen weit über das unmittelbare Kriegsgeschehen hinausgingen.

8.3 Die Rolle Stalins in der Kriegsführung

Josef Stalin spielte eine entscheidende Rolle in der sowjetischen Kriegsführung während des Zweiten Weltkriegs, insbesondere an der Ostfront. Seine strategischen Entscheidungen und politischen Maßnahmen hatten weitreichende Auswirkungen auf den Verlauf des Krieges und die Struktur der Roten Armee. Stalins Führungsstil war geprägt von einer Mischung aus autoritärer Kontrolle und pragmatischer Anpassung an die sich schnell ändernden Bedingungen des Krieges.

Zu Beginn des Krieges war Stalin mit dem Überfall Deutschlands auf die Sowjetunion im Juni 1941 konfrontiert. Trotz vorheriger Warnungen über einen möglichen Angriff war die Rote Armee zu diesem Zeitpunkt unvorbereitet, was zu erheblichen Verlusten führte. Stalins anfängliche Reaktion war von Verwirrung geprägt; er zog sich für einige Tage zurück, bevor er schließlich das Kommando übernahm und eine Reihe von Gegenmaßnahmen einleitete. Diese Umstellung zeigte seine Fähigkeit, aus Fehlern zu lernen und sich an neue Realitäten anzupassen.

Ein zentraler Aspekt von Stalins Strategie war die Mobilisierung aller Ressourcen des Landes für den Krieg. Er setzte nicht nur militärische Kräfte ein, sondern mobilisierte auch die Industrie und Zivilbevölkerung zur Unterstützung der Kriegsanstrengungen. Dies führte zur Schaffung von Produktionsstätten in den hinteren Regionen, wo sie vor deutschen Angriffen geschützt waren. Diese wirtschaftliche Mobilisierung trug entscheidend dazu bei, dass die Sowjetunion ihre militärische Kapazität erheblich steigern konnte.

Stalin war auch maßgeblich an der Planung wichtiger Schlachten beteiligt, wie etwa der Schlacht um Stalingrad. Hier zeigte sich sein strategisches Geschick: Er erkannte den symbolischen Wert dieser Stadt und ordnete an, dass sie um jeden Preis verteidigt werden sollte. Der Sieg in Stalingrad stellte nicht nur einen Wendepunkt im Krieg dar, sondern festigte auch Stalins Position als unangefochtener Führer der Sowjetunion.

Zusammenfassend lässt sich sagen, dass Stalins Rolle in der Kriegsführung durch seine Fähigkeit gekennzeichnet war, sowohl strategisch als auch taktisch auf Herausforderungen zu reagieren. Sein autoritärer Führungsstil hatte zwar oft negative Auswirkungen auf das Militärpersonal und die Moral, doch letztendlich trugen seine Entscheidungen entscheidend zum Sieg über Nazi-Deutschland bei.

9
Nachkriegszeit und Kalter Krieg (1945-1990)

9.1 Militarisierung der Sowjetunion

Die Militarisierung der Sowjetunion nach dem Zweiten Weltkrieg war ein entscheidender Faktor für die geopolitische Ausrichtung des Landes und prägte die internationale Politik während des Kalten Krieges. Diese Phase war gekennzeichnet durch eine massive Aufrüstung, die nicht nur militärische Kapazitäten, sondern auch die gesellschaftliche Struktur und das wirtschaftliche System der Sowjetunion beeinflusste.

Ein zentrales Element dieser Militarisierung war die Entwicklung einer umfassenden Militärindustrie, die in der Lage war, modernste Waffentechnologien zu produzieren. Die sowjetische Führung investierte stark in Forschung und Entwicklung, um mit den westlichen Mächten Schritt zu halten. Dies führte zur Schaffung von innovativen Waffensystemen wie Interkontinentalraketen (ICBMs) und strategischen Bombern, die das Gleichgewicht der Kräfte zwischen Ost und West maßgeblich beeinflussten.

Die sowjetische Gesellschaft wurde zunehmend militarisiert; dies zeigte sich nicht nur in der Rhetorik der politischen Führung, sondern auch im Alltag der Bürger. Militärparaden wurden zu einem festen Bestandteil des öffentlichen Lebens und dienten als Ausdruck nationaler Stärke und Einheit. Zudem wurde das Bildungssystem reformiert, um militärisches Wissen und patriotische Werte zu fördern. Die Jugendorganisationen wie das Komsomol integrierten militärische Ausbildung in ihre Programme, was dazu beitrug, eine kriegsbereite Generation heranzuziehen.

- Die Gründung des Warschauer Pakts 1955 als Antwort auf die NATO verstärkte den militärischen Zusammenhalt unter den sozialistischen Staaten.
- Die Doktrin des „Kriegs im Frieden" propagierte eine ständige Bereitschaft zur Verteidigung gegen vermeintliche imperialistische Bedrohungen.
- Der Einsatz von Militärs in Konflikten außerhalb der Grenzen der Sowjetunion, wie in Afghanistan ab 1979, verdeutlichte den expansiven Charakter dieser Militarisierung.

Insgesamt führte diese umfassende Militarisierung nicht nur zu einer Stärkung des sowjetischen Militärs, sondern hatte auch tiefgreifende Auswirkungen auf die internationale Beziehungen und trug zur Eskalation des Kalten Krieges bei. Die ständige Bedrohung durch einen möglichen Konflikt führte zu einem Wettrüsten mit den USA und prägte somit das geopolitische Klima bis zum Ende des Kalten Krieges im Jahr 1990.

9.2 Stellvertreterkriege und geopolitische Spannungen

Die Stellvertreterkriege während des Kalten Krieges sind ein zentrales Element der geopolitischen Spannungen zwischen den Supermächten USA und Sowjetunion. Diese Konflikte, die oft in Drittländern ausgetragen wurden, spiegeln nicht nur die ideologischen Differenzen zwischen Kapitalismus und Kommunismus wider, sondern auch das Streben beider Mächte, ihren Einfluss global auszudehnen.

Ein prägnantes Beispiel für einen solchen Stellvertreterkrieg ist der Vietnamkrieg (1955-1975). Hier unterstützten die USA die südvietnamesische Regierung im Kampf gegen die kommunistischen Nordvietnamesen, während die Sowjetunion und China militärische und materielle Hilfe an den Norden leisteten. Der Krieg führte zu enormen Verlusten auf beiden Seiten und hinterließ tiefe Wunden in der amerikanischen Gesellschaft sowie eine weitreichende Skepsis gegenüber militärischen Interventionen.

Ein weiteres bedeutendes Beispiel ist der afghanische Krieg (1979-1989), in dem die Sowjetunion versuchte, ihre Kontrolle über Afghanistan zu festigen. Die USA reagierten mit einer massiven Unterstützung für die Mudschaheddin, was nicht nur zur Niederlage der sowjetischen Truppen beitrug, sondern auch langfristige Auswirkungen auf die geopolitische Landschaft hatte. Dieser Konflikt trug zur Destabilisierung Afghanistans bei und schuf ein Machtvakuum, das später von extremistischen Gruppen genutzt wurde.

Die Rolle von Stellvertreterkriegen erstreckte sich auch auf Afrika und Lateinamerika. In Angola beispielsweise kämpften verschiedene Fraktionen um die Kontrolle des Landes, wobei Kuba sowjetisch unterstützte Kräfte entsandte, während die USA oppositionelle Gruppen unterstützten. Solche Konflikte verdeutlichten nicht nur den globalen Machtkampf zwischen Ost und West, sondern führten auch zu humanitären Krisen und langanhaltenden politischen Instabilitäten in den betroffenen Regionen.

Insgesamt zeigen diese Stellvertreterkriege eindrücklich, wie geopolitische Spannungen nicht nur durch direkte militärische Konfrontationen geprägt sind, sondern auch durch subtile Einflussnahme in anderen Ländern. Sie verdeutlichen das komplexe Zusammenspiel von Ideologie, Machtpolitik und regionalen Interessen im Kontext des Kalten Krieges.

9.3 Rüstungswettlauf mit den USA

- Der Rüstungswettlauf zwischen der Sowjetunion und den Vereinigten Staaten während des Kalten Krieges war ein zentrales Element der geopolitischen Rivalität, das nicht nur militärische, sondern auch technologische und ideologische Dimensionen umfasste. Dieser Wettlauf führte zu einer massiven Aufrüstung beider Supermächte und prägte die internationale Sicherheitsarchitektur bis zum Ende des 20.
- Jahrhunderts.
- Ein entscheidender Aspekt dieses Wettlaufs war die Entwicklung von Atomwaffen. Nach dem erfolgreichen Test der ersten Atombombe durch die USA im Jahr 1945 reagierte die Sowjetunion schnell und testete ihre eigene Bombe 1949.
- Dies markierte den Beginn eines gefährlichen Wettrüstens, in dem beide Seiten versuchten, ihre nukleare Überlegenheit auszubauen. Die Einführung von Wasserstoffbomben in den 1950er Jahren verstärkte diese Dynamik weiter und führte zu einem ständigen Streben nach mehr Zerstörungskraft.

Die strategische Doktrin beider Länder entwickelte sich parallel zu diesem Wettlauf. Während die USA auf eine Politik der „Massiven Vergeltung" setzten, bei der sie im Falle eines Angriffs mit einem umfassenden nuklearen Gegenschlag drohten, verfolgte die Sowjetunion eine Strategie der „Gleichwertigen Vergeltung", um sicherzustellen, dass jeder Angriff auf sie mit einer ebenso verheerenden Antwort beantwortet würde. Diese Strategien führten zu einer ständigen Eskalation und schufen ein Klima der Angst vor einem möglichen Atomkrieg.

Technologische Innovationen spielten ebenfalls eine entscheidende Rolle im Rüstungswettlauf. Die Entwicklung von Interkontinentalraketen (ICBMs) in den späten 1950er Jahren revolutionierte das militärische Gleichgewicht und ermöglichte es beiden Seiten, Ziele weit entfernt vom eigenen Territorium anzugreifen. Der Sputnik-Schock von 1957, als die Sowjetunion den ersten Satelliten ins All schickte, verstärkte zudem das Gefühl der Dringlichkeit in den USA, technologisch aufzuholen.

Insgesamt zeigt der Rüstungswettlauf zwischen den USA und der Sowjetunion nicht nur die militärischen Ambitionen beider Supermächte auf, sondern auch deren tief verwurzelte Ängste und Misstrauen gegenüber dem jeweils anderen. Diese Phase des Kalten Krieges hinterließ ein Erbe an Spannungen und Konflikten, dessen Auswirkungen bis heute spürbar sind.

10
Der Afghanistan-Konflikt (1979-1989)

10.1 Ursachen des Eingreifens

Die Ursachen des sowjetischen Eingreifens in Afghanistan zwischen 1979 und 1989 sind vielschichtig und reichen von geopolitischen Überlegungen bis hin zu internen politischen Dynamiken innerhalb der Sowjetunion. Diese Intervention war nicht nur ein militärischer Konflikt, sondern auch ein bedeutendes geopolitisches Ereignis, das die internationale Politik während des Kalten Krieges maßgeblich beeinflusste.

Ein zentraler Faktor für das sowjetische Eingreifen war die Angst vor dem Einfluss westlicher Mächte in der Region. Die Sowjetunion betrachtete Afghanistan als strategisch wichtiges Land, das an ihre südlichen Grenzen grenzte. Der Aufstieg islamistischer Bewegungen und die Möglichkeit eines westlichen Einflusses durch Länder wie die USA oder Pakistan wurden als Bedrohung wahrgenommen. Diese geopolitische Perspektive führte dazu, dass die sowjetische Führung unter Leonid Breschnew entschied, militärisch einzugreifen, um eine pro-sowjetische Regierung zu stabilisieren und den Einfluss des Westens zu begrenzen.

Zusätzlich spielten interne Faktoren eine entscheidende Rolle. Die afghanische Regierung unter Nur Muhammad Taraki hatte Schwierigkeiten, ihre Macht im Land aufrechtzuerhalten, was zu einem Bürgerkrieg führte. Die Sowjets sahen sich gezwungen, ihre Unterstützung für das kommunistische Regime auszubauen, um einen Zusammenbruch der sozialistischen Ordnung in Afghanistan zu verhindern. Dies wurde durch die ideologische Überzeugung verstärkt, dass es notwendig sei, den Sozialismus weltweit zu verteidigen.

Ein weiterer Aspekt war die militärische Strategie der Sowjetunion selbst. Nach dem gescheiterten Versuch einer schnellen Intervention in Ungarn 1956 und der Erfahrung mit dem Vietnamkrieg der USA war man bestrebt, aus diesen Fehlern zu lernen und eine umfassendere militärische Präsenz aufzubauen. Das Ziel war es nicht nur, Afghanistan zu kontrollieren, sondern auch eine Botschaft an andere Staaten im Einflussbereich der Sowjetunion zu senden: Ein starkes militärisches Engagement würde den Willen zur Verteidigung sozialistischer Ideale demonstrieren.

Insgesamt lässt sich sagen, dass das Eingreifen in Afghanistan sowohl aus einer defensiven als auch offensiven Perspektive betrachtet werden kann: Es ging darum, bestehende Einflüsse abzuwehren und gleichzeitig neue Machtverhältnisse im Sinne sowjetischer Interessen herzustellen.

10.2 Taktiken der sowjetischen Streitkräfte

Die Taktiken der sowjetischen Streitkräfte während des Afghanistan-Konflikts waren entscheidend für den Verlauf und die Dynamik des Krieges. Die Sowjets setzten eine Kombination aus konventionellen militärischen Strategien und asymmetrischen Taktiken ein, um gegen die Guerillakriegsführung der Mudschaheddin vorzugehen. Diese Herangehensweise war geprägt von einer Vielzahl an Herausforderungen, die sich aus dem schwierigen Terrain Afghanistans und dem Widerstand der lokalen Bevölkerung ergaben.

Ein zentrales Element der sowjetischen Strategie war die Nutzung von Luftüberlegenheit. Die sowjetische Luftwaffe führte zahlreiche Luftangriffe durch, um Mudschaheddin-Stellungen zu bombardieren und Nachschubwege zu unterbrechen. Hubschrauber wie der Mi-24 wurden häufig eingesetzt, um Truppen schnell zu verlegen und gezielte Angriffe auf feindliche Positionen durchzuführen. Diese Mobilität ermöglichte es den Sowjets, in schwer zugänglichen Gebieten operativ aktiv zu bleiben.

Zusätzlich zur Luftunterstützung setzten die sowjetischen Streitkräfte auch auf massive Bodentruppen, die in großen Verbänden operierten. Diese Einheiten waren oft mit moderner Ausrüstung ausgestattet, darunter Panzer und Artillerie. Die Strategie sah vor, strategisch wichtige Städte und Verkehrswege zu sichern, um eine Kontrolle über das Land zu erlangen. Dennoch stießen sie immer wieder auf den erbitterten Widerstand der afghanischen Guerillakämpfer, die sich geschickt im Gelände versteckten und Überfälle organisierten.

Ein weiterer Aspekt war die psychologische Kriegsführung. Die Sowjets versuchten, durch Propaganda sowohl innerhalb Afghanistans als auch international ein Bild ihrer Stärke zu vermitteln. Gleichzeitig führten sie Maßnahmen zur Zivilbevölkerung ein, wie etwa das Anbieten von Hilfsgütern oder medizinischer Versorgung in besetzten Gebieten, um Unterstützung unter den Afghanen zu gewinnen.

Trotz dieser vielfältigen Taktiken blieb der Erfolg jedoch begrenzt. Der unkonventionelle Krieg der Mudschaheddin stellte sich als äußerst effektiv heraus; ihre Fähigkeit zur Anpassung an wechselnde Bedingungen sowie ihre Kenntnis des Terrains führten dazu, dass viele sowjetische Operationen nicht den gewünschten Erfolg brachten. Letztlich trugen diese taktischen Herausforderungen zur Erschöpfung und zum Rückzug der sowjetischen Streitkräfte bei.

10.3 Langfristige Folgen für Russland

Die langfristigen Folgen des Afghanistan-Konflikts (1979-1989) für Russland sind vielschichtig und haben sowohl politische als auch gesellschaftliche Dimensionen. Der Krieg hinterließ nicht nur physische und materielle Zerstörungen, sondern führte auch zu tiefgreifenden Veränderungen in der sowjetischen Gesellschaft und Politik, die bis in die post-sowjetische Ära nachwirken sollten.

Ein zentrales Ergebnis des Konflikts war das gestiegene Misstrauen gegenüber der Regierung. Die sowjetische Führung hatte den Krieg als notwendig dargestellt, um den Kommunismus zu verteidigen, doch die Realität vor Ort war von enormen Verlusten und einer unklaren Kriegsführung geprägt. Dies führte zu einer wachsenden Unzufriedenheit innerhalb der Bevölkerung, insbesondere unter den Veteranen, die oft mit psychischen und physischen Traumata zurückkehrten. Diese Unzufriedenheit trug zur Erosion des Vertrauens in die kommunistische Partei bei und verstärkte die Forderungen nach Reformen.

Politisch gesehen führte der Afghanistan-Konflikt zur Schwächung der sowjetischen Militärmacht und stellte die Effizienz des Systems in Frage. Der Rückzug aus Afghanistan wurde als Niederlage wahrgenommen, was das Bild der Sowjetunion im internationalen Kontext erheblich beschädigte. Diese militärische Misserfolge trugen dazu bei, dass sich oppositionelle Bewegungen formierten, die letztendlich zur Auflösung der Sowjetunion im Jahr 1991 führten.

Darüber hinaus hatte der Konflikt auch wirtschaftliche Konsequenzen. Die enormen finanziellen Mittel, die für den Krieg aufgebracht wurden, belasteten die sowjetische Wirtschaft stark. Ressourcen wurden von wichtigen sozialen Programmen abgezogen, was zu einem weiteren Verfall des Lebensstandards führte. Infolgedessen kam es zu einem Anstieg von Korruption und Misswirtschaft innerhalb des Landes.

Schließlich beeinflusste der Afghanistan-Konflikt auch Russlands Außenpolitik nachhaltig. Die Erfahrungen aus dem Krieg führten zu einer vorsichtigeren Herangehensweise an militärische Interventionen in anderen Ländern. In den folgenden Jahrzehnten zeigte sich eine Tendenz zur Vermeidung direkter militärischer Engagements ohne klare strategische Ziele oder internationale Unterstützung.

11
Der Zerfall der Sowjetunion (1990-1991)

11.1 Militärische Herausforderungen während des Zerfalls

Der Zerfall der Sowjetunion in den Jahren 1990 und 1991 stellte die sowjetischen Streitkräfte vor immense militärische Herausforderungen, die nicht nur die interne Stabilität, sondern auch die geopolitische Landschaft Europas beeinflussten. In dieser kritischen Phase war das sowjetische Militär mit einer Vielzahl von Problemen konfrontiert, darunter eine sinkende Moral, unzureichende Ressourcen und zunehmende ethnische Spannungen innerhalb der verschiedenen Republiken.

Ein zentrales Problem war die Fragmentierung der sowjetischen Streitkräfte selbst. Mit dem Aufkommen nationalistischer Bewegungen in den baltischen Staaten sowie in der Ukraine und Georgien begannen viele Soldaten und Offiziere, sich mehr mit ihren nationalen Identitäten als mit dem sowjetischen Staat zu identifizieren. Dies führte zu einem Rückgang der Loyalität gegenüber dem zentralen Kommando und erschwerte die Durchführung militärischer Operationen erheblich.

Zusätzlich kam es zu einem massiven Rückgang des Verteidigungshaushalts, was bedeutete, dass viele Einheiten nicht ausreichend ausgerüstet oder trainiert waren. Die wirtschaftlichen Schwierigkeiten führten dazu, dass Soldaten oft monatelang auf Gehälter warten mussten, was die Moral weiter untergrub. Diese Umstände trugen zur Entstehung von Unruhen innerhalb der Truppen bei und führten zu einer Zunahme von Deserteuren.

Die militärischen Herausforderungen wurden durch den Putschversuch im August 1991 weiter verschärft. Dieser Versuch eines Staatsstreichs durch hardliner Kommunisten zeigte nicht nur die Schwäche des politischen Systems auf, sondern führte auch zu einem weiteren Vertrauensverlust in das Militär als Institution. Viele Einheiten weigerten sich, gegen Demonstranten vorzugehen oder wurden sogar aktiv Teil der Protestbewegung für Reformen.

Insgesamt war der Zerfall der Sowjetunion ein komplexes Zusammenspiel von internen militärischen Herausforderungen und externen politischen Druckfaktoren. Die Unfähigkeit des Militärs, sich an diese dynamischen Veränderungen anzupassen, trug entscheidend zum endgültigen Zusammenbruch des sowjetischen Staates bei und veränderte nachhaltig das geopolitische Gleichgewicht in Europa.

11.2 Einfluss auf die Nachfolgestaaten

Der Zerfall der Sowjetunion hatte tiefgreifende Auswirkungen auf die neu entstandenen Nachfolgestaaten, die sich in einem komplexen Prozess der politischen, wirtschaftlichen und sozialen Transformation befanden. Diese Staaten sahen sich nicht nur mit den Herausforderungen des Nation-Buildings konfrontiert, sondern auch mit den Erbschaften eines zentralisierten Systems, das oft ineffizient und korrupt war.

Ein entscheidender Aspekt war die politische Instabilität, die viele dieser Länder erfasste. In einigen Fällen führten ethnische Spannungen und nationale Identitätskrisen zu Konflikten, wie etwa im Kaukasus oder in der Ukraine. Die Unabhängigkeit brachte zwar eine gewisse Freiheit von Moskau, jedoch auch Unsicherheiten über die zukünftige Ausrichtung und Stabilität der neuen Staaten. Beispielsweise kämpfte Georgien in den frühen 1990er Jahren mit separatistischen Bewegungen in Abchasien und Südossetien, was zu bewaffneten Konflikten führte.

Wirtschaftlich standen die Nachfolgestaaten vor enormen Herausforderungen. Der Übergang von einer Planwirtschaft zu marktwirtschaftlichen Strukturen verlief oft chaotisch und führte zu massiven wirtschaftlichen Rückgängen sowie einer hohen Arbeitslosigkeit. In Ländern wie der Ukraine und Weißrussland blieb der Staat stark in die Wirtschaft involviert, während andere Staaten wie Estland schnellere Reformen einführten und dadurch relativ stabilere wirtschaftliche Bedingungen schufen.

Die geopolitischen Implikationen waren ebenfalls erheblich. Viele Nachfolgestaaten suchten nach neuen Allianzen und Partnerschaften im Westen, um sich von dem Einfluss Russlands zu lösen. Dies führte zur Bildung neuer regionaler Organisationen sowie zur Annäherung an die NATO und die Europäische Union. Gleichzeitig versuchte Russland unter Wladimir Putin, seinen Einfluss in diesen Ländern zurückzugewinnen, was häufig zu Spannungen zwischen den ehemaligen Sowjetrepubliken führte.

Zusammenfassend lässt sich sagen, dass der Zerfall der Sowjetunion nicht nur das Ende eines Imperiums markierte, sondern auch einen komplexen Transformationsprozess für seine Nachfolgestaaten einleitete. Die Herausforderungen dieser Zeit prägten nachhaltig deren politische Landschaft sowie ihre gesellschaftliche Entwicklung.

11.3 Neue militärische Strukturen in Russland

Der Zerfall der Sowjetunion führte zu einer grundlegenden Neugestaltung der militärischen Strukturen in Russland, die sowohl strategische als auch organisatorische Veränderungen umfasste. Mit dem Verlust der zentralen Kontrolle über die ehemaligen Sowjetrepubliken sah sich Russland gezwungen, seine Streitkräfte neu zu organisieren und an die veränderten geopolitischen Gegebenheiten anzupassen.

Ein zentrales Element dieser Transformation war die Schaffung einer neuen Militärdoktrin, die auf den Prinzipien der Flexibilität und Mobilität basierte. Die russischen Streitkräfte mussten sich von einem starren System, das auf Massenmobilisierung und konventionellen Kriegsführungstaktiken beruhte, hin zu einer modernen Armee entwickeln, die in der Lage war, asymmetrische Bedrohungen und hybride Konflikte zu bewältigen. Dies führte zur Einführung neuer Technologien und Taktiken, einschließlich Cyberkriegsführung und Informationsoperationen.

Die Umstrukturierung beinhaltete auch eine Reduzierung der Truppenstärke sowie eine Konzentration auf professionelle Soldaten anstelle von Wehrpflichtigen. Diese Professionalisierung wurde durch verschiedene Reformen gefördert, darunter verbesserte Ausbildungsmöglichkeiten und Anreize für den Dienst in den Streitkräften. Zudem wurden neue Kommandostrukturen eingeführt, um eine schnellere Entscheidungsfindung und Reaktionsfähigkeit zu gewährleisten.

Ein weiterer wichtiger Aspekt war die verstärkte Zusammenarbeit mit anderen Ländern im Rahmen militärischer Übungen und gemeinsamer Operationen. Russland suchte aktiv nach Partnerschaften mit Staaten wie China und Indien, um seine militärischen Fähigkeiten weiter auszubauen und internationale Allianzen zu stärken. Diese Kooperationen ermöglichten es Russland nicht nur, technologische Innovationen zu integrieren, sondern auch seine geopolitische Position zu festigen.

Zusammenfassend lässt sich sagen, dass die neuen militärischen Strukturen in Russland als direkte Reaktion auf den Zerfall der Sowjetunion entstanden sind. Sie spiegeln einen tiefgreifenden Wandel wider – weg von einem zentralisierten Militärsystem hin zu einer flexiblen und professionellen Streitkraft, die besser auf moderne Herausforderungen reagieren kann. Diese Entwicklungen haben nicht nur Auswirkungen auf Russlands Verteidigungsstrategie gehabt, sondern auch auf dessen Rolle im internationalen Sicherheitsumfeld.

12 Russische Militärinterventionen im Kaukasus

12.1 Erster Tschetschenienkrieg (1994-1996)

Der Erste Tschetschenienkrieg, der von 1994 bis 1996 stattfand, stellt einen entscheidenden Wendepunkt in der modernen russischen Militärgeschichte dar. Dieser Konflikt war nicht nur ein militärisches Engagement, sondern auch ein bedeutendes Ereignis mit weitreichenden politischen und sozialen Implikationen für Russland und die Kaukasusregion. Die Ursachen des Krieges sind vielschichtig und reichen von nationalistischen Bestrebungen in Tschetschenien bis hin zu den geopolitischen Ambitionen Russlands, seine Kontrolle über die ehemaligen Sowjetrepubliken aufrechtzuerhalten.

Die militärische Intervention begann im Dezember 1994, als russische Truppen in die Hauptstadt Grosny einmarschierten, um die tschetschenische Unabhängigkeitsbewegung zu unterdrücken. Die anfänglichen Operationen waren geprägt von einer massiven Überlegenheit der russischen Streitkräfte, doch diese Strategie erwies sich schnell als ineffektiv. Die tschetschenischen Kämpfer setzten Guerillataktiken ein und nutzten das schwierige Terrain zu ihrem Vorteil. Dies führte zu hohen Verlusten auf beiden Seiten und stellte die russische Militärführung vor unerwartete Herausforderungen.

Ein zentrales Element des Krieges war die humanitäre Krise, die durch den Konflikt ausgelöst wurde. Schätzungen zufolge wurden Zehntausende von Zivilisten getötet oder vertrieben, während viele Städte in Trümmern lagen. Die Berichterstattung über Kriegsverbrechen und Menschenrechtsverletzungen seitens der russischen Truppen sorgte international für Empörung und führte zu einem Rückgang des Ansehens Russlands auf der globalen Bühne.

Der Krieg endete offiziell im August 1996 mit dem Khasavyurt-Abkommen, das eine Waffenruhe festlegte und de facto die Unabhängigkeit Tschetscheniens anerkannte. Diese Vereinbarung stellte jedoch keine dauerhafte Lösung dar; sie legte lediglich den Grundstein für zukünftige Konflikte und Spannungen in der Region. Der Erste Tschetschenienkrieg hat nicht nur das Bild Russlands als Militärmacht verändert, sondern auch tiefgreifende Auswirkungen auf die nationale Identität sowie auf das Verhältnis zwischen Zentralregierung und regionalen Bewegungen gehabt.

12.2 Zweiter Tschetschenienkrieg (1999-2009)

Der Zweite Tschetschenienkrieg, der von 1999 bis 2009 dauerte, war ein entscheidendes Kapitel in der Geschichte Russlands und des Kaukasus. Er begann im September 1999 mit einer militärischen Intervention der russischen Streitkräfte, die als Reaktion auf die Invasion tschetschenischer Kämpfer in Dagestan und die Bombenanschläge auf Wohnhäuser in Russland betrachtet wurde. Dieser Konflikt war nicht nur eine Fortsetzung des ersten Krieges, sondern auch eine tiefgreifende Transformation der russischen Militärstrategie und -politik.

Ein zentrales Merkmal des Zweiten Tschetschenienkriegs war die massive Mobilisierung von Ressourcen durch den russischen Staat. Im Gegensatz zum ersten Krieg setzte Russland auf eine umfassende Luftüberlegenheit und moderne Waffentechnologie, um die tschetschenische Hauptstadt Grosny zu erobern. Die Belagerung Grosnys im Jahr 2000 führte zu verheerenden Zerstörungen und einem hohen Verlust an Menschenleben unter Zivilisten. Schätzungen zufolge starben während des gesamten Konflikts zehntausende Zivilisten, was zu einer humanitären Krise ohnegleichen führte.

Die Strategie der russischen Regierung unter Wladimir Putin beinhaltete nicht nur militärische Maßnahmen, sondern auch politische Manipulationen zur Stabilisierung der Region. Der Einsatz von pro-russischen Führern wie Akhmad Kadyrow half dabei, eine gewisse Kontrolle über Tschetschenien wiederherzustellen. Kadyrow wurde schließlich Präsident der Republik Tschetschenien und spielte eine Schlüsselrolle bei der Bekämpfung separatistischer Bewegungen sowie bei der Etablierung eines autoritären Regimes.

Die internationale Gemeinschaft reagierte gemischt auf den Konflikt; während einige Länder Russlands Rechtfertigungen für den Krieg akzeptierten, gab es auch scharfe Kritik an den Menschenrechtsverletzungen und dem Einsatz brutaler Militärtaktiken gegen die Zivilbevölkerung. Berichte über Folter, Verschwindenlassen und andere Gräueltaten führten zu einem Rückgang des internationalen Ansehens Russlands.

Der Zweite Tschetschenienkrieg endete offiziell im April 2009 mit dem Rückzug der letzten regulären Truppen aus Tschetschenien. Dennoch bleibt das Erbe dieses Krieges bis heute spürbar: Die Region ist weiterhin von Instabilität geprägt, während sich das Verhältnis zwischen Zentralregierung und regionalen Kräften weiterentwickelt hat.

12.3 Lehren aus den Konflikten

Die Konflikte im Kaukasus, insbesondere der Zweite Tschetschenienkrieg, bieten wertvolle Einsichten in die Dynamik militärischer Interventionen und deren langfristige Auswirkungen auf regionale Stabilität und internationale Beziehungen. Eine der zentralen Lehren ist die Bedeutung von strategischer Planung und Anpassungsfähigkeit in militärischen Operationen. Russland hat während des Krieges seine Taktiken erheblich verändert, indem es moderne Technologien und eine umfassende Luftüberlegenheit einsetzte, was zeigt, dass technologische Überlegenheit entscheidend für den Erfolg militärischer Kampagnen sein kann.

Ein weiterer wichtiger Aspekt ist die Rolle der politischen Manipulation zur Stabilisierung nach einem Konflikt. Die Unterstützung pro-russischer Führer wie Akhmad Kadyrow verdeutlicht, wie externe Mächte versuchen können, Einfluss zu gewinnen und lokale Strukturen zu kontrollieren. Diese Strategie kann kurzfristig Erfolge bringen, führt jedoch oft zu langfristigen Spannungen und einer Unterdrückung von Dissens innerhalb der betroffenen Regionen.

Darüber hinaus zeigt der Zweite Tschetschenienkrieg die verheerenden humanitären Kosten eines Krieges auf. Die massiven zivilen Verluste und die Zerstörung von Infrastrukturen haben nicht nur das Leben Tausender Menschen beeinträchtigt, sondern auch das Vertrauen zwischen verschiedenen ethnischen Gruppen untergraben. Dies führt zu einer anhaltenden Instabilität in der Region, da tief verwurzelte Ressentiments bestehen bleiben.

Die internationale Reaktion auf den Konflikt lehrt uns zudem über die Komplexität geopolitischer Interessen. Während einige Länder Russlands Vorgehen als notwendig zur Bekämpfung des Terrorismus betrachteten, kritisierten andere vehement die Menschenrechtsverletzungen. Diese unterschiedlichen Perspektiven verdeutlichen die Herausforderungen bei der Schaffung eines einheitlichen internationalen Ansatzes zur Lösung solcher Konflikte.

Zusammenfassend lässt sich sagen, dass die Lehren aus den Konflikten im Kaukasus weitreichende Implikationen für zukünftige militärische Interventionen haben. Sie erfordern ein tiefes Verständnis für lokale Gegebenheiten sowie eine sorgfältige Abwägung zwischen militärischen Zielen und humanitären Konsequenzen.

13 Modernisierung der russischen Streitkräfte seit 2000

13.1 Reformen unter Putin

Die Reformen der russischen Streitkräfte unter Präsident Wladimir Putin seit dem Jahr 2000 sind ein entscheidender Bestandteil der Modernisierung und Neuausrichtung des Militärs. Diese Veränderungen sind nicht nur militärischer Natur, sondern spiegeln auch die politischen Ambitionen Russlands wider, seine Rolle auf der globalen Bühne zu stärken und als bedeutende Macht zurückzukehren.

Ein zentrales Element dieser Reformen war die Umstrukturierung der militärischen Hierarchie und die Einführung eines neuen Kommandosystems. Im Jahr 2008 wurde das System der Militärbezirke reformiert, um eine schnellere Reaktionsfähigkeit und bessere Koordination zwischen den verschiedenen Teilstreitkräften zu gewährleisten. Dies führte zur Schaffung von vier strategischen Militärbezirken, die jeweils für spezifische geografische Regionen zuständig sind. Diese Maßnahme sollte sicherstellen, dass Russland in der Lage ist, auf Bedrohungen effizienter zu reagieren.

Zusätzlich wurden erhebliche Investitionen in moderne Waffentechnologien getätigt. Die Entwicklung neuer Systeme wie des PAK FA (T-50) Kampfflugzeugs und des S-400 Luftverteidigungssystems zeigt Russlands Bestreben, technologisch aufzuholen und sich gegen westliche Militärtechnologien zu behaupten. Diese Investitionen sind Teil einer umfassenden Strategie zur Verbesserung der militärischen Fähigkeiten und zur Stärkung des nationalen Sicherheitsgefühls.

Ein weiterer wichtiger Aspekt ist die Professionalisierung der Streitkräfte. Unter Putin wurde ein Übergang von einer Wehrpflichtarmee hin zu einer Berufsarmee angestrebt. Dies beinhaltete nicht nur eine Erhöhung der Gehälter für Soldaten, sondern auch verbesserte Ausbildungsprogramme und Lebensbedingungen innerhalb des Militärs. Ziel war es, qualifizierte Fachkräfte anzuziehen und die Moral sowie Effizienz der Truppen zu steigern.

Insgesamt zeigen die Reformen unter Putin einen klaren Trend hin zu einer stärkeren Militarisierung Russlands sowie einem strategischen Fokus auf moderne Kriegsführungstechniken, was sowohl nationale als auch internationale Implikationen hat.

Die Reformen unter Putin haben auch Auswirkungen auf die geopolitische Strategie Russlands gehabt. Durch eine stärkere militärische Präsenz in Konfliktregionen wie Syrien oder im postsowjetischen Raum hat Russland seine Einflussmöglichkeiten ausgeweitet und demonstriert damit seine Bereitschaft, militärische Mittel zur Durchsetzung seiner Interessen einzusetzen.

13.2 Technologische Entwicklungen

Die technologischen Entwicklungen der russischen Streitkräfte seit 2000 sind ein zentrales Element der umfassenden Modernisierung, die unter Präsident Wladimir Putin initiiert wurde. Diese Fortschritte sind nicht nur auf die Verbesserung bestehender Systeme ausgerichtet, sondern auch auf die Entwicklung innovativer Technologien, die Russlands militärische Fähigkeiten erheblich erweitern sollen.

Ein herausragendes Beispiel für diese technologische Evolution ist das **PAK FA (T-50)**, ein fünfteiliges Kampfflugzeug, das mit modernsten Stealth-Technologien ausgestattet ist. Dieses Flugzeug soll nicht nur in der Lage sein, gegen westliche Luftstreitkräfte zu bestehen, sondern auch über fortschrittliche Sensoren und Avionik verfügen, die eine überlegene Situationswahrnehmung ermöglichen. Die Integration von künstlicher Intelligenz in die Steuerungssysteme des PAK FA könnte zudem den Piloten entlasten und taktische Entscheidungen in Echtzeit optimieren.

Ein weiterer bedeutender Fortschritt ist das **S-400 Luftverteidigungssystem**, das als eines der leistungsfähigsten seiner Art gilt. Es bietet eine umfassende Abdeckung gegen verschiedene Bedrohungen, einschließlich ballistischer Raketen und Flugzeuge. Die Fähigkeit des S-400, mehrere Ziele gleichzeitig zu verfolgen und anzugreifen, stellt einen strategischen Vorteil dar und zeigt Russlands Engagement für moderne Verteidigungstechnologien.

Zusätzlich zur Luftfahrttechnologie hat Russland auch in **Cyberkriegsführung** investiert. Die Schaffung spezialisierter Einheiten innerhalb der Streitkräfte zur Durchführung cybernetischer Operationen verdeutlicht den Fokus auf hybride Kriegsführung. Diese Einheiten sind darauf trainiert, sowohl defensive als auch offensive Cyberoperationen durchzuführen, um kritische Infrastrukturen zu schützen oder gegnerische Systeme zu destabilisieren.

Die Entwicklung von **Drohnen**, sowohl für Aufklärungs- als auch für Angriffsmissionen, hat ebenfalls an Bedeutung gewonnen. Mit Systemen wie dem *Orlan-10*, das vielseitig einsetzbar ist und Echtzeitdaten liefert, wird die Effizienz von Militäroperationen erheblich gesteigert. Diese unbemannten Systeme ermöglichen es den Streitkräften, Informationen aus erster Hand zu sammeln und gleichzeitig Risiken für menschliches Personal zu minimieren.

Insgesamt zeigen diese technologischen Entwicklungen nicht nur Russlands Bestreben nach militärischer Überlegenheit, sondern reflektieren auch eine strategische Neuausrichtung hin zu modernen Kriegsführungsmethoden im digitalen Zeitalter.

13.3 Strategische Neuausrichtung

Die strategische Neuausrichtung der russischen Streitkräfte seit 2000 ist ein entscheidender Aspekt der umfassenden Modernisierung, die unter Präsident Wladimir Putin vorangetrieben wurde. Diese Neuausrichtung zielt darauf ab, Russlands militärische Position in einer sich verändernden geopolitischen Landschaft zu stärken und auf neue Bedrohungen zu reagieren.

Ein zentrales Element dieser Neuausrichtung ist die Fokussierung auf hybride Kriegsführung, die sowohl konventionelle als auch unkonventionelle Taktiken umfasst. Russland hat erkannt, dass zukünftige Konflikte nicht nur auf dem Schlachtfeld entschieden werden, sondern auch durch Informationskriege und Cyberoperationen. Die Schaffung spezialisierter Einheiten für Cyberkriegsführung und psychologische Operationen zeigt diesen Wandel deutlich. Diese Einheiten sind darauf trainiert, sowohl offensive als auch defensive Maßnahmen zu ergreifen, um die eigene Informationsdominanz zu sichern und gegnerische Narrative zu destabilisieren.

Darüber hinaus hat Russland seine militärischen Doktrinen überarbeitet, um den Fokus auf asymmetrische Kriegsführung zu legen. Dies beinhaltet den Einsatz von Spezialkräften und unbemannten Systemen in Konflikten wie in Syrien oder der Ukraine. Der Einsatz von Drohnen zur Aufklärung und gezielten Angriffen hat sich als besonders effektiv erwiesen und ermöglicht es den russischen Streitkräften, ihre Ziele mit minimalem Risiko für eigenes Personal zu erreichen.

Ein weiterer wichtiger Aspekt der strategischen Neuausrichtung ist die verstärkte Zusammenarbeit mit anderen Staaten, insbesondere im Rahmen der Organisation des Vertrags über kollektive Sicherheit (OVKS) sowie bilateralen Abkommen mit Ländern wie China. Diese Kooperationen erweitern nicht nur Russlands Einflussbereich, sondern ermöglichen auch den Austausch von Technologien und Strategien zur Verbesserung der eigenen militärischen Fähigkeiten.

Zusammenfassend lässt sich sagen, dass die strategische Neuausrichtung der russischen Streitkräfte eine Antwort auf komplexe globale Herausforderungen darstellt. Sie reflektiert ein tiefes Verständnis für moderne Kriegsführung im digitalen Zeitalter und zeigt Russlands Bestreben nach einer dominierenden Rolle in internationalen Konflikten.

14
Russische Außenpolitik im neuen Jahrtausend

14.1 Geopolitische Interessen Russlands

Die geopolitischen Interessen Russlands im neuen Jahrtausend sind von entscheidender Bedeutung für das Verständnis seiner Außenpolitik und seiner Rolle auf der globalen Bühne. Diese Interessen sind tief verwurzelt in der Geschichte des Landes, den geographischen Gegebenheiten und den strategischen Überlegungen, die sich aus der Position Russlands als eine der größten Nationen der Welt ergeben.

Ein zentrales Element dieser geopolitischen Strategie ist die Sicherung von Einflusszonen in unmittelbarer Nähe zu den eigenen Grenzen. Russland strebt danach, seine Nachbarländer in einem stabilen politischen und wirtschaftlichen Rahmen zu halten, um potenzielle Bedrohungen durch westliche Einflüsse zu minimieren. Dies zeigt sich beispielsweise in den Bemühungen um die Integration ehemaliger Sowjetrepubliken durch Organisationen wie die Eurasische Wirtschaftsunion (EAWU), die darauf abzielt, wirtschaftliche Bindungen zu stärken und politische Stabilität zu fördern.

Darüber hinaus spielt die Kontrolle über natürliche Ressourcen eine wesentliche Rolle in Russlands geopolitischen Ambitionen. Das Land verfügt über immense Vorräte an Erdöl und Erdgas, was es nicht nur zum wichtigsten Energielieferanten für Europa macht, sondern auch zur Schaffung eines strategischen Hebels gegenüber anderen Staaten. Die Energiepolitik wird oft als Instrument eingesetzt, um politischen Einfluss auszuüben und wirtschaftliche Abhängigkeiten zu schaffen.

Ein weiterer Aspekt ist Russlands militärische Präsenz in verschiedenen Regionen der Welt. Die militärische Intervention in Syrien ab 2015 verdeutlicht das Bestreben Moskaus, seinen Einfluss im Nahen Osten auszubauen und gleichzeitig seine Rolle als globale Macht zu festigen. Durch militärische Allianzen und strategische Partnerschaften mit Ländern wie Iran oder China versucht Russland, ein Gegengewicht zur Dominanz des Westens zu schaffen.

Zusammenfassend lässt sich sagen, dass Russlands geopolitische Interessen im neuen Jahrtausend stark von dem Bestreben geprägt sind, nationale Sicherheit zu gewährleisten, wirtschaftliche Vorteile auszubauen und einen bedeutenden Platz auf der internationalen Bühne einzunehmen. Diese Faktoren beeinflussen nicht nur die Außenpolitik des Landes, sondern auch seine innerpolitischen Entscheidungen und gesellschaftlichen Entwicklungen.

14.2 Beziehungen zu NATO und EU

Die Beziehungen Russlands zur NATO und zur Europäischen Union (EU) sind von zentraler Bedeutung für die geopolitische Stabilität in Europa und darüber hinaus. Diese Beziehungen sind durch eine komplexe Mischung aus Kooperation, Misstrauen und strategischen Interessen geprägt, die sich im Laufe der Jahre erheblich verändert haben.

Ein entscheidender Aspekt dieser Beziehungen ist das Sicherheitsdilemma, das zwischen Russland und der NATO besteht. Die NATO-Erweiterung nach Osten, insbesondere die Aufnahme ehemaliger Sowjetrepubliken und Warschauer-Pakt-Staaten, wird von Russland als Bedrohung seiner nationalen Sicherheit wahrgenommen. Moskau sieht in der militärischen Präsenz der NATO an seinen Grenzen einen direkten Angriff auf seine Einflusszone. Dies hat zu einer verstärkten Militarisierung der russischen Außenpolitik geführt, einschließlich der Modernisierung seiner Streitkräfte und der Durchführung militärischer Übungen in Grenznähe.

Auf der anderen Seite hat Russland auch versucht, diplomatische Kanäle zu nutzen, um Spannungen abzubauen. Initiativen wie der NATO-Russland-Rat wurden ins Leben gerufen, um einen Dialog über sicherheitspolitische Fragen zu fördern. Dennoch bleibt das Vertrauen zwischen den beiden Seiten fragil. Die Annexion der Krim 2014 und die Unterstützung separatistischer Bewegungen in der Ostukraine haben die Beziehungen weiter belastet und führten zu Sanktionen seitens der EU und den USA gegen Russland.

Die EU hingegen verfolgt eine Politik des Engagements mit dem Ziel, wirtschaftliche Zusammenarbeit zu fördern und demokratische Werte zu stärken. Allerdings wird diese Strategie durch Russlands aggressive Außenpolitik erschwert. Die Energieabhängigkeit Europas von russischem Erdgas stellt ein weiteres kompliziertes Element dar; während einige EU-Staaten versuchen, ihre Abhängigkeit zu verringern, bleibt Russland ein wichtiger Energielieferant.

Zusammenfassend lässt sich sagen, dass die Beziehungen Russlands zur NATO und zur EU von einem ständigen Wechselspiel zwischen Konfrontation und Kooperation geprägt sind. Während beide Seiten versuchen, ihre eigenen Sicherheitsinteressen zu wahren, bleibt die Herausforderung bestehen, einen stabilen Dialog aufrechtzuerhalten und Missverständnisse auszuräumen.

14.3 Einfluss auf internationale Konflikte

Der Einfluss Russlands auf internationale Konflikte im neuen Jahrtausend ist ein zentrales Element seiner Außenpolitik und hat weitreichende Auswirkungen auf die geopolitische Landschaft. Russland verfolgt eine Strategie, die sowohl militärische als auch diplomatische Mittel umfasst, um seine Interessen zu wahren und seinen Einfluss in verschiedenen Regionen der Welt auszubauen.

Ein markantes Beispiel für Russlands Engagement in internationalen Konflikten ist der Bürgerkrieg in Syrien. Seit 2015 interveniert Russland militärisch zugunsten des Regimes von Bashar al-Assad. Diese Intervention hat nicht nur das Kräfteverhältnis im Nahen Osten verändert, sondern auch die geopolitischen Allianzen neu definiert. Durch den Einsatz moderner Militärtechnologie und strategischer Luftangriffe konnte Russland seine Position als entscheidender Akteur in der Region festigen und gleichzeitig den Einfluss westlicher Staaten zurückdrängen.

- Darüber hinaus spielt Russland eine bedeutende Rolle im Ukraine-Konflikt, insbesondere seit der Annexion der Krim im Jahr 2014.
- Diese aggressive Außenpolitik hat nicht nur zu einer Eskalation des Konflikts geführt, sondern auch zu einem tiefen Riss zwischen Russland und dem Westen. Die Unterstützung separatistischer Bewegungen in der Ostukraine zeigt Russlands Bereitschaft, militärische Mittel einzusetzen, um seine geopolitischen Ziele zu erreichen. Dies hat zur Verhängung internationaler Sanktionen gegen Russland geführt, die jedoch dessen Handlungsfreiheit nicht wesentlich eingeschränkt haben.

Russland nutzt zudem multilaterale Plattformen wie die Organisation für Sicherheit und Zusammenarbeit in Europa (OSZE) oder die Shanghai Cooperation Organization (SCO), um seinen Einfluss auszuweiten und alternative Sicherheitsarchitekturen zu fördern. Diese Foren ermöglichen es Russland, sich als Gegengewicht zur NATO zu positionieren und Länder anzusprechen, die ebenfalls skeptisch gegenüber westlichen Interventionen sind.

Zusammenfassend lässt sich sagen, dass Russlands Einfluss auf internationale Konflikte durch eine Kombination aus militärischer Stärke und diplomatischer Geschicklichkeit geprägt ist. Dieser Ansatz ermöglicht es Moskau, seine strategischen Interessen durchzusetzen und gleichzeitig bestehende Machtstrukturen herauszufordern.

15
Aktuelle militärische Auseinandersetzungen

15.1 Ukraine-Konflikt seit 2014

- Der Ukraine-Konflikt, der im Jahr 2014 begann, stellt einen der bedeutendsten geopolitischen Konflikte des 21.
- Jahrhunderts dar und hat weitreichende Auswirkungen auf die europäische Sicherheit und die internationalen Beziehungen. Die Annexion der Krim durch Russland im März 2014 war der Auslöser für eine Reihe von militärischen Auseinandersetzungen in der Ostukraine, insbesondere in den Regionen Donezk und Luhansk, wo prorussische Separatisten gegen die ukrainische Regierung kämpften.

Die Hintergründe des Konflikts sind vielschichtig und reichen von historischen Spannungen zwischen Russland und der Ukraine bis hin zu Fragen nationaler Identität und geopolitischer Einflussnahme. Die prowestliche Wende der Ukraine nach dem Euromaidan-Protest im Jahr 2013/14 führte zu einer verstärkten Reaktion Russlands, das seine Interessen in der Region verteidigen wollte. Diese Entwicklungen haben nicht nur zu einem militärischen Konflikt geführt, sondern auch zu einer tiefen politischen Spaltung innerhalb der Ukraine sowie zwischen Russland und dem Westen.

Ein zentraler Aspekt des Konflikts ist die Rolle internationaler Akteure. Die NATO und die EU haben ihre Unterstützung für die Ukraine verstärkt, während Russland militärische Hilfe an die Separatisten leistete. Sanktionen gegen Russland wurden verhängt, um Druck auf Moskau auszuüben, doch diese Maßnahmen haben bislang nicht zu einer Lösung des Konflikts geführt. Stattdessen hat sich eine langwierige Pattsituation entwickelt, in der beide Seiten weiterhin Verluste erleiden.

Die humanitären Folgen des Konflikts sind verheerend: Millionen von Menschen wurden vertrieben, viele leben unter prekären Bedingungen in den umkämpften Gebieten oder als Flüchtlinge in anderen Ländern. Der Krieg hat auch das gesellschaftliche Gefüge in der Ukraine stark belastet und führt zu anhaltenden Spannungen zwischen verschiedenen ethnischen Gruppen.

Insgesamt zeigt der Ukraine-Konflikt seit 2014 nicht nur die Komplexität moderner Kriege auf, sondern auch die Herausforderungen für internationale Diplomatie und Sicherheitsarchitektur im europäischen Raum. Die Suche nach einem dauerhaften Frieden bleibt eine zentrale Herausforderung für alle beteiligten Akteure.

15.2 Syrischer Bürgerkrieg

Der Syrische Bürgerkrieg, der 2011 begann, ist ein komplexer und vielschichtiger Konflikt, der nicht nur die nationale Stabilität Syriens bedroht, sondern auch weitreichende geopolitische Implikationen hat. Der Krieg entstand aus einer Kombination von politischen Repressionen, wirtschaftlichen Schwierigkeiten und dem Einfluss des Arabischen Frühlings. Die anfänglichen Proteste gegen das Regime von Bashar al-Assad wurden schnell zu einem bewaffneten Konflikt, als die Regierung mit brutaler Gewalt reagierte.

Ein zentrales Merkmal des Syrischen Bürgerkriegs ist die Vielzahl an Akteuren und Interessengruppen, die in den Konflikt verwickelt sind. Neben den regulären syrischen Streitkräften kämpfen verschiedene Rebellengruppen, darunter islamistische Milizen wie die Al-Nusra-Front und kurdische Kräfte wie die YPG. Diese Fragmentierung hat zu einem chaotischen Schlachtfeld geführt, auf dem sich Alliierte und Feinde ständig verändern. Internationale Mächte wie Russland und Iran unterstützen das Assad-Regime militärisch und politisch, während die USA und andere westliche Länder verschiedene Oppositionsgruppen unterstützen oder bekämpfen.

Die humanitären Folgen des Krieges sind verheerend: Millionen von Menschen wurden vertrieben, viele leben unter extremen Bedingungen in Flüchtlingslagern oder als Binnenvertriebene innerhalb Syriens. Die Zerstörung der Infrastruktur hat das Land in eine humanitäre Krise gestürzt; Zugang zu Wasser, Nahrung und medizinischer Versorgung ist stark eingeschränkt. Laut Schätzungen haben über 500.000 Menschen ihr Leben verloren, was den Konflikt zu einem der tödlichsten seit dem Zweiten Weltkrieg macht.

Zusätzlich zur humanitären Katastrophe hat der Krieg auch tiefgreifende gesellschaftliche Veränderungen bewirkt. Ethnische Spannungen zwischen verschiedenen Gruppen sind gewachsen, während religiöse Unterschiede verstärkt ausgebeutet werden. Der Konflikt hat nicht nur Auswirkungen auf Syrien selbst, sondern destabilisiert auch angrenzende Länder wie Libanon und Jordanien sowie Europa durch eine massive Flüchtlingswelle.

Insgesamt zeigt der Syrische Bürgerkrieg eindrücklich die Komplexität moderner Konflikte auf und stellt eine enorme Herausforderung für internationale Diplomatie dar. Die Suche nach einer politischen Lösung bleibt angesichts der Vielzahl an Interessenlagen äußerst schwierig.

15.3 Globale Reaktionen auf russisches Handeln

Die globalen Reaktionen auf das Handeln Russlands, insbesondere im Kontext militärischer Auseinandersetzungen wie der Ukraine-Krise und des Syrischen Bürgerkriegs, sind vielschichtig und spiegeln die geopolitischen Spannungen wider, die in der heutigen Welt herrschen. Diese Reaktionen reichen von diplomatischen Verurteilungen bis hin zu wirtschaftlichen Sanktionen und militärischen Unterstützungsmaßnahmen für betroffene Länder.

Ein zentrales Element der internationalen Antwort ist die Einführung umfassender Sanktionen gegen Russland durch westliche Staaten. Diese Maßnahmen zielen darauf ab, den Druck auf die russische Regierung zu erhöhen und ihre militärischen Ambitionen einzuschränken. Die EU, die USA und andere Verbündete haben eine Reihe von Sanktionspaketen geschnürt, die sich gegen Schlüsselindustrien wie Energie, Finanzen und Rüstungsproduktion richten. Diese Sanktionen haben nicht nur Auswirkungen auf die russische Wirtschaft, sondern auch auf globale Märkte, da sie Lieferketten stören und Preisschwankungen verursachen.

Darüber hinaus hat sich eine Vielzahl von Ländern entschieden, militärische Unterstützung an die Ukraine zu leisten. Dies umfasst sowohl finanzielle Hilfen als auch Waffenlieferungen. NATO-Staaten haben ihre Verteidigungsanstrengungen verstärkt und Truppen in östlichen Mitgliedsstaaten stationiert, um ein Zeichen der Stärke gegenüber Russland zu setzen. Diese kollektive Sicherheitsstrategie zeigt das Bestreben der westlichen Staaten, eine weitere Ausweitung russischer Aggressionen zu verhindern.

Auf der anderen Seite gibt es Länder wie China oder Indien, die sich in ihrer Position zurückhaltend zeigen oder sogar versuchen, eine neutrale Rolle einzunehmen. Diese Staaten betonen oft den Dialog und diplomatische Lösungen anstelle von Konfrontation. Ihre Haltung verdeutlicht das komplexe geopolitische Gefüge: Während einige Länder klare Positionen beziehen, suchen andere nach Wegen zur Deeskalation oder profitieren von den Spannungen durch wirtschaftliche Kooperation mit Russland.

- Insgesamt zeigt sich, dass die globalen Reaktionen auf russisches Handeln nicht nur durch unmittelbare sicherheitspolitische Überlegungen geprägt sind, sondern auch tiefere wirtschaftliche und strategische Interessen widerspiegeln. Die Dynamik dieser Reaktionen wird weiterhin entscheidend sein für zukünftige Konflikte sowie für das internationale Machtgefüge im 21.
- Jahrhundert.

16
Soziale Auswirkungen militärischer Konflikte

16.1 Zivilbevölkerung in Kriegszeiten

Die Zivilbevölkerung spielt in militärischen Konflikten eine entscheidende Rolle, die oft übersehen wird. Während militärische Strategien und Taktiken im Vordergrund stehen, sind es die Menschen, die unter den direkten und indirekten Folgen von Krieg leiden. Die Auswirkungen auf die Zivilbevölkerung sind vielschichtig und betreffen nicht nur das tägliche Leben, sondern auch die soziale Struktur und das psychische Wohlbefinden der Betroffenen.

Ein zentrales Element ist die Vertreibung von Menschen aus ihren Heimatregionen. In vielen Konflikten werden Zivilisten gezielt angegriffen oder müssen aufgrund der Kämpfe fliehen. Diese Flucht führt zu einer massiven humanitären Krise, da Flüchtlinge oft in überfüllten Lagern leben müssen, wo sie kaum Zugang zu grundlegenden Bedürfnissen wie Nahrung, Wasser und medizinischer Versorgung haben. Ein Beispiel hierfür ist der Syrische Bürgerkrieg, der Millionen von Menschen zur Flucht gezwungen hat.

Darüber hinaus verändert sich durch Kriege auch das soziale Gefüge innerhalb der betroffenen Gemeinschaften. Familienstrukturen werden destabilisiert; viele Kinder verlieren ihre Eltern oder wachsen ohne stabile Bezugspersonen auf. Dies hat langfristige Auswirkungen auf die psychische Gesundheit junger Generationen und kann zu einem Anstieg von Traumata führen, die oft unbehandelt bleiben. Die Gesellschaft als Ganzes leidet unter dem Verlust an Bildungseinrichtungen und Arbeitsplätzen, was den Wiederaufbau nach dem Konflikt erheblich erschwert.

Ein weiterer Aspekt ist die Rolle der Frauen in Kriegszeiten. Oft übernehmen sie zusätzliche Verantwortung für ihre Familien und Gemeinden, während Männer an die Front geschickt werden oder sterben. Dies kann sowohl eine Chance für Empowerment darstellen als auch zu einer weiteren Belastung führen, da Frauen häufig Opfer sexueller Gewalt werden oder in prekären wirtschaftlichen Situationen gefangen sind.

Zusammenfassend lässt sich sagen, dass die Zivilbevölkerung im Krieg nicht nur passive Opfer ist; sie zeigt Resilienz und Anpassungsfähigkeit unter extremen Bedingungen. Das Verständnis dieser Dynamiken ist entscheidend für eine umfassende Analyse militärischer Konflikte und deren langfristigen sozialen Auswirkungen.

16.2 Psychologische Effekte auf Soldaten

Die psychologischen Effekte militärischer Konflikte auf Soldaten sind ein zentrales Thema, das oft in der Diskussion über Krieg und Frieden vernachlässigt wird. Die Erfahrungen an der Front können tiefgreifende und langanhaltende Auswirkungen auf die mentale Gesundheit von Soldaten haben. Diese Effekte sind nicht nur individuell, sondern beeinflussen auch die Dynamik innerhalb der Truppe sowie die Rückkehr ins zivile Leben.

Ein bedeutender Aspekt ist das Phänomen des posttraumatischen Stresssyndroms (PTSD), das viele Soldaten nach dem Einsatz erleben. PTSD kann sich durch Symptome wie Flashbacks, Albträume und eine erhöhte Schreckreaktion äußern. Diese Symptome beeinträchtigen nicht nur das persönliche Wohlbefinden, sondern können auch zu sozialen Isolation führen, da betroffene Soldaten Schwierigkeiten haben, sich in ihr früheres Leben zu reintegrieren.

Darüber hinaus sind emotionale Entfremdung und zwischenmenschliche Probleme häufige Begleiterscheinungen. Viele Soldaten berichten von Schwierigkeiten im Umgang mit Familienmitgliedern oder Freunden nach ihrer Rückkehr aus dem Einsatz. Die Kluft zwischen den Erlebnissen im Krieg und dem Alltag kann zu Missverständnissen und Spannungen führen, was wiederum die psychische Belastung verstärkt.

Ein weiterer wichtiger Punkt ist die Stigmatisierung von psychischen Erkrankungen innerhalb militärischer Gemeinschaften. Oftmals wird Schwäche assoziiert mit dem Eingeständnis von psychischen Problemen, was dazu führt, dass viele Soldaten keine Hilfe suchen oder annehmen. Dies kann fatale Folgen haben, da unbehandelte psychische Erkrankungen zu Selbstverletzungen oder sogar Suizid führen können.

Um diesen Herausforderungen entgegenzuwirken, ist es entscheidend, dass Militärs umfassende Programme zur Unterstützung der mentalen Gesundheit implementieren. Solche Programme sollten sowohl präventive Maßnahmen als auch therapeutische Angebote umfassen und darauf abzielen, ein offenes Gespräch über psychische Gesundheit zu fördern. Nur so kann eine Kultur geschaffen werden, in der Soldaten ermutigt werden, Hilfe in Anspruch zu nehmen und ihre Erfahrungen zu teilen.

16.3 Wiederaufbau nach Konflikten

Der Wiederaufbau nach militärischen Konflikten ist ein komplexer und vielschichtiger Prozess, der entscheidend für die Stabilität und den Frieden in betroffenen Regionen ist. Er umfasst nicht nur die physische Rekonstruktion von Infrastruktur, sondern auch die soziale, wirtschaftliche und politische Rehabilitation der Gesellschaft. Ein erfolgreicher Wiederaufbau kann dazu beitragen, zukünftige Konflikte zu verhindern und das Vertrauen zwischen verschiedenen Gemeinschaften wiederherzustellen.

Ein zentraler Aspekt des Wiederaufbaus ist die Schaffung eines inklusiven politischen Rahmens. Dies bedeutet, dass alle relevanten gesellschaftlichen Gruppen – einschließlich ethnischer Minderheiten, Frauen und Jugendlicher – in den Entscheidungsprozess einbezogen werden müssen. Solche partizipativen Ansätze fördern nicht nur das Gefühl der Zugehörigkeit, sondern helfen auch dabei, Spannungen abzubauen und eine gemeinsame Vision für die Zukunft zu entwickeln.

Darüber hinaus spielt die wirtschaftliche Stabilisierung eine wesentliche Rolle im Wiederaufbauprozess. Die Schaffung von Arbeitsplätzen durch Investitionen in lokale Unternehmen und Infrastrukturprojekte kann dazu beitragen, das Vertrauen der Bevölkerung in den Staat wiederherzustellen. Programme zur beruflichen Weiterbildung sind ebenfalls wichtig, um sicherzustellen, dass die Menschen über die notwendigen Fähigkeiten verfügen, um sich in einer sich verändernden Wirtschaft zurechtzufinden.

Ein weiterer wichtiger Faktor ist der psychosoziale Wiederaufbau. Viele Menschen haben traumatische Erfahrungen gemacht und benötigen Unterstützung bei der Bewältigung ihrer Erlebnisse. Psychologische Hilfsangebote sowie Gemeinschaftsprojekte können helfen, das soziale Gefüge zu stärken und den Heilungsprozess zu fördern.

- **Infrastruktur:** Der Wiederaufbau von Schulen, Krankenhäusern und Verkehrswegen ist essenziell für die Rückkehr zur Normalität.
- **Rechtsstaatlichkeit:** Die Stärkung von Institutionen zur Gewährleistung von Rechtssicherheit ist notwendig für das Vertrauen in staatliche Strukturen.
- **Kulturelle Integration:** Programme zur Förderung des interkulturellen Dialogs können helfen, Vorurteile abzubauen und ein harmonisches Zusammenleben zu fördern.

Letztlich erfordert der Wiederaufbau nach Konflikten einen langfristigen Ansatz sowie internationale Zusammenarbeit. Nur durch koordinierte Anstrengungen aller Beteiligten kann eine nachhaltige Friedensordnung geschaffen werden.

17
Lehren aus der Militärgeschichte Russlands

17.1 Resilienz in Krisenzeiten

Die Resilienz Russlands in Krisenzeiten ist ein zentrales Thema, das die Fähigkeit des Landes widerspiegelt, sich aus militärischen und politischen Rückschlägen zu erholen und gestärkt daraus hervorzugehen. Diese Widerstandsfähigkeit ist nicht nur auf militärische Strategien zurückzuführen, sondern auch auf tief verwurzelte kulturelle und gesellschaftliche Faktoren, die im Laufe der Geschichte entwickelt wurden.

Ein prägnantes Beispiel für diese Resilienz zeigt sich während des Zweiten Weltkriegs, als die Sowjetunion mit enormen Verlusten konfrontiert war. Trotz der anfänglichen Niederlagen gelang es dem Land, durch strategische Umstellungen und eine Mobilisierung der gesamten Gesellschaft eine Wende herbeizuführen. Die Schlacht von Stalingrad wird oft als Wendepunkt angesehen, bei dem nicht nur militärische Taktiken entscheidend waren, sondern auch der unerschütterliche Wille der Zivilbevölkerung und Soldaten. Diese kollektive Anstrengung führte zu einem Gefühl nationaler Einheit und Identität.

Ein weiterer Aspekt der russischen Resilienz ist die Anpassungsfähigkeit an sich verändernde geopolitische Bedingungen. Historisch gesehen hat Russland immer wieder seine Strategien angepasst, um externe Bedrohungen abzuwehren oder neue Allianzen zu bilden. Dies zeigt sich beispielsweise in den Konflikten mit dem Osmanischen Reich oder den Kriegen gegen Napoleon, wo Russland durch geschickte Diplomatie und militärisches Geschick seine Position festigen konnte.

Zusätzlich spielt die Rolle des Staates eine entscheidende Rolle in Krisenzeiten. Die russische Regierung hat oft Maßnahmen ergriffen, um die Moral der Bevölkerung zu stärken und Ressourcen effizient zu mobilisieren. In modernen Konflikten wie dem Ukraine-Konflikt wird deutlich, wie wichtig Informationskontrolle und Propaganda sind, um den Zusammenhalt innerhalb des Landes zu fördern.

Insgesamt verdeutlicht die Militärgeschichte Russlands, dass Resilienz nicht nur eine Reaktion auf unmittelbare Bedrohungen ist; sie ist ein dynamischer Prozess, der tief in der nationalen Identität verwurzelt ist. Diese Fähigkeit zur Erholung aus Krisen hat Russland nicht nur überlebt lassen, sondern es auch ermöglicht, als bedeutender Akteur auf der globalen Bühne weiterhin Einfluss auszuüben.

17.2 Entwicklung militärischer Strategien

Die Entwicklung militärischer Strategien in Russland ist ein facettenreicher Prozess, der durch historische Erfahrungen, geopolitische Gegebenheiten und technologische Innovationen geprägt ist. Diese Strategien sind nicht nur Reaktionen auf unmittelbare Bedrohungen, sondern auch langfristige Planungen, die darauf abzielen, Russlands Einfluss auf der globalen Bühne zu sichern und auszubauen.

Ein zentraler Aspekt der russischen Militärstrategie ist die Anpassungsfähigkeit an sich verändernde Konfliktszenarien. Historisch gesehen hat Russland immer wieder seine Taktiken modifiziert, um den Herausforderungen von Kriegen und militärischen Auseinandersetzungen gerecht zu werden. Ein Beispiel hierfür ist die Umstellung von konventionellen Kriegsführungsstrategien hin zu hybriden Ansätzen, die sowohl militärische als auch nicht-militärische Mittel kombinieren. Dies zeigt sich besonders im Ukraine-Konflikt, wo Russland Cyberangriffe und Informationskriegsführung als integrale Bestandteile seiner Strategie eingesetzt hat.

Darüber hinaus spielt die geografische Lage Russlands eine entscheidende Rolle bei der Entwicklung seiner Militärstrategien. Die Weite des Landes und die Vielzahl an Nachbarstaaten erfordern eine flexible und mobile Streitkraft. Die Doktrin der „Aktiven Verteidigung“ betont beispielsweise die Notwendigkeit einer schnellen Reaktion auf Bedrohungen sowie präventive Maßnahmen zur Sicherung nationaler Interessen. Diese Strategie wurde während des Kaukasuskriegs 2008 deutlich sichtbar, als Russland schnell reagierte und seine militärischen Ressourcen effektiv mobilisierte.

Ein weiterer wichtiger Faktor in der strategischen Entwicklung ist das Streben nach technologischer Überlegenheit. In den letzten Jahren hat Russland verstärkt in moderne Waffensysteme investiert, darunter hyperschallfähige Raketen und fortschrittliche Luftverteidigungssysteme. Diese Technologien sollen nicht nur die Verteidigungsfähigkeit stärken, sondern auch als Abschreckung gegenüber potenziellen Aggressoren dienen.

Zusammenfassend lässt sich sagen, dass die Entwicklung militärischer Strategien in Russland ein dynamischer Prozess ist, der stark von historischen Erfahrungen geprägt wird. Die Fähigkeit zur Anpassung an neue Herausforderungen sowie das Streben nach technologischer Innovation sind entscheidend für Russlands Position als bedeutender Akteur in internationalen Konflikten.

17.3 Historisches Bewusstsein heute

Das historische Bewusstsein in Russland ist ein komplexes und vielschichtiges Phänomen, das tief in der nationalen Identität verwurzelt ist. Es beeinflusst nicht nur die Wahrnehmung der eigenen Geschichte, sondern auch die gegenwärtige politische und militärische Strategie des Landes. In der heutigen Zeit wird das historische Bewusstsein durch verschiedene Faktoren geprägt, darunter staatliche Narrative, gesellschaftliche Diskurse und internationale Beziehungen.

- Ein zentraler Aspekt des historischen Bewusstseins ist die Art und Weise, wie Russland seine Geschichte interpretiert und präsentiert. Die offizielle Geschichtsschreibung betont häufig den Widerstand gegen äußere Bedrohungen sowie die Errungenschaften des Landes in Kriegen und Konflikten. Diese Sichtweise wird besonders im Kontext des Zweiten Weltkriegs hervorgehoben, wo der Sieg über Nazideutschland als entscheidender Moment für die nationale Identität gilt. Der 9.
- Mai, der Tag des Sieges, wird mit großem Pomp gefeiert und dient als Symbol für Stärke und Einheit.

Darüber hinaus spielt das kollektive Gedächtnis eine wichtige Rolle bei der Formulierung von Russlands Außenpolitik. Historische Erfahrungen werden oft herangezogen, um gegenwärtige Entscheidungen zu legitimieren. So wird beispielsweise die Erinnerung an vergangene Konflikte genutzt, um eine aggressive Außenpolitik zu rechtfertigen oder um den Einfluss auf ehemalige Sowjetstaaten zu sichern. Dies zeigt sich deutlich in den aktuellen geopolitischen Spannungen mit dem Westen.

Die Zunahme von Geschichtsrevisionismus ist ein weiteres Merkmal des heutigen historischen Bewusstseins in Russland. Bestimmte Ereignisse werden neu interpretiert oder glorifiziert, während andere Aspekte der Geschichte ausgeblendet oder minimiert werden. Diese Tendenz hat Auswirkungen auf die Gesellschaft, da sie sowohl zur Stärkung nationalistischer Gefühle als auch zur Spaltung innerhalb der Bevölkerung führen kann.

Insgesamt lässt sich feststellen, dass das historische Bewusstsein in Russland nicht nur ein Spiegelbild vergangener Ereignisse ist, sondern auch aktiv zur Gestaltung der Gegenwart beiträgt. Es beeinflusst sowohl das Selbstverständnis der Nation als auch ihre Position auf internationaler Ebene und bleibt somit ein zentrales Element im Verständnis russischer Militärstrategien.

18
Fazit und Ausblick

18.1 Zusammenfassung zentraler Themen

Die Militärgeschichte Russlands ist nicht nur eine chronologische Auflistung von Konflikten und Kriegen, sondern ein tiefgreifendes Studium der Wechselwirkungen zwischen militärischen Strategien, gesellschaftlichen Veränderungen und geopolitischen Dynamiken. In diesem Abschnitt werden zentrale Themen zusammengefasst, die das Verständnis für die militärische Identität Russlands prägen.

- Ein zentrales Thema ist die Entwicklung der militärischen Taktiken im Laufe der Jahrhunderte. Von den frühen Schlachten des 17.
- Jahrhunderts bis hin zu modernen Konflikten hat Russland seine Strategien kontinuierlich angepasst, um sich verändernden Bedrohungen und technologischen Fortschritten gerecht zu werden. Diese Anpassungsfähigkeit zeigt sich besonders in den großen Kriegen wie dem Großen Vaterländischen Krieg, wo innovative Taktiken entscheidend für den Sieg waren.

Ein weiterer wichtiger Aspekt ist die Rolle der Zivilbevölkerung während militärischer Auseinandersetzungen. Die Auswirkungen von Kriegen auf das tägliche Leben der Menschen sind oft tiefgreifend und prägen das nationale Bewusstsein. Die Mobilisierung von Ressourcen und Menschen hat nicht nur die militärische Effizienz gesteigert, sondern auch soziale Strukturen verändert und zur Entstehung eines kollektiven Gedächtnisses beigetragen.

Zusätzlich wird in diesem Buch die Bedeutung internationaler Beziehungen hervorgehoben. Russlands militärische Entscheidungen sind häufig durch geopolitische Überlegungen beeinflusst worden, was zu Allianzen sowie Feindschaften geführt hat. Die Analyse dieser Beziehungen bietet wertvolle Einblicke in die strategischen Überlegungen der russischen Führung über verschiedene Epochen hinweg.

Insgesamt ermöglicht diese umfassende Betrachtung der zentralen Themen einen tieferen Einblick in die komplexe Militärgeschichte Russlands und deren Einfluss auf die nationale Identität sowie internationale Politik.

Schließlich wird auch auf die Rückschläge eingegangen, die Russland erlitten hat, und wie diese Erfahrungen zur Weiterentwicklung seiner Militärstrategien beigetragen haben. Diese Rückschläge sind nicht nur als Niederlagen zu betrachten; sie bieten auch Lektionen für zukünftige Generationen von Militärführern und Historikern.

18.2 Zukunftsperspektiven für das russische Militär

Die Zukunft des russischen Militärs ist ein Thema von großer Bedeutung, insbesondere im Kontext der sich verändernden geopolitischen Landschaft und technologischen Entwicklungen. Angesichts der aktuellen Herausforderungen, vor denen Russland steht, wird die militärische Strategie des Landes voraussichtlich eine entscheidende Rolle bei der Wahrung seiner nationalen Interessen spielen.

Ein zentraler Aspekt der zukünftigen Entwicklung des russischen Militärs ist die verstärkte Integration moderner Technologien. Die Digitalisierung und Automatisierung von militärischen Prozessen werden zunehmend an Bedeutung gewinnen. Dies umfasst den Einsatz von Künstlicher Intelligenz (KI) zur Verbesserung der Entscheidungsfindung in Echtzeit sowie den Einsatz unbemannter Systeme, wie Drohnen und autonome Fahrzeuge, die sowohl in offensiven als auch defensiven Operationen eingesetzt werden können.

Darüber hinaus wird Russland voraussichtlich seine strategische Ausrichtung auf hybride Kriegsführung weiterentwickeln. Diese Form der Kriegsführung kombiniert konventionelle militärische Mittel mit nicht-militärischen Maßnahmen, wie Cyberangriffe und Informationskriege. Die Fähigkeit, in einem solchen multidimensionalen Konflikt erfolgreich zu agieren, wird für die zukünftige Sicherheit Russlands von entscheidender Bedeutung sein.

Ein weiterer wichtiger Faktor sind die geopolitischen Allianzen und Partnerschaften. Russland könnte versuchen, seine militärische Präsenz in strategisch wichtigen Regionen auszubauen, um Einfluss zu gewinnen und potenzielle Bedrohungen abzuwehren. Insbesondere die Beziehungen zu Ländern wie China könnten sich vertiefen, was neue Möglichkeiten für gemeinsame militärische Übungen und technologische Kooperationen schaffen würde.

Schließlich spielt auch die innere Stabilität eine wesentliche Rolle für die Zukunft des russischen Militärs. Soziale Unruhen oder wirtschaftliche Krisen könnten direkte Auswirkungen auf die Rekrutierung und Moral der Truppen haben. Daher wird es für das Militär wichtig sein, nicht nur externe Bedrohungen zu adressieren, sondern auch interne Herausforderungen proaktiv anzugehen.

18.3 Bedeutung für die globale Sicherheit

Die Bedeutung der globalen Sicherheit ist in der heutigen Welt von zentraler Relevanz, insbesondere im Kontext der geopolitischen Spannungen und militärischen Entwicklungen. Die strategischen Entscheidungen von Staaten, insbesondere von Großmächten wie Russland, haben weitreichende Auswirkungen auf die Stabilität und den Frieden weltweit. In diesem Zusammenhang spielt das russische Militär eine entscheidende Rolle, da es nicht nur nationale Interessen wahrt, sondern auch als Akteur in internationalen Konflikten agiert.

Ein wesentlicher Aspekt der globalen Sicherheitslage ist die zunehmende Militarisierung und das Wettrüsten zwischen verschiedenen Nationen. Russlands Investitionen in moderne Technologien und hybride Kriegsführung sind Teil eines größeren Trends, bei dem Staaten versuchen, ihre militärische Überlegenheit zu sichern. Diese Entwicklungen können zu einem destabilisierten internationalen Umfeld führen, in dem Missverständnisse und Fehleinschätzungen leicht zu Konflikten eskalieren können.

Darüber hinaus hat die enge Zusammenarbeit Russlands mit anderen Ländern wie China bedeutende Implikationen für die globale Sicherheitsarchitektur. Gemeinsame militärische Übungen und technologische Kooperationen stärken nicht nur bilaterale Beziehungen, sondern schaffen auch neue Machtverhältnisse auf internationaler Ebene. Dies könnte dazu führen, dass bestehende Allianzen herausgefordert werden und sich neue geopolitische Blöcke bilden.

Ein weiterer kritischer Punkt ist die Rolle von Cyberkriegen und Informationsoperationen in der modernen Kriegsführung. Russland hat gezeigt, dass es bereit ist, diese Mittel einzusetzen, um seine politischen Ziele zu erreichen oder Einfluss auf andere Länder auszuüben. Solche Taktiken untergraben nicht nur die nationale Sicherheit anderer Staaten, sondern gefährden auch das Vertrauen zwischen den Nationen und erschweren diplomatische Lösungen für Konflikte.

Zusammenfassend lässt sich sagen, dass die Entwicklungen im russischen Militär nicht isoliert betrachtet werden können; sie sind Teil eines komplexen Geflechts globaler Sicherheitsherausforderungen. Die Fähigkeit aller Staaten zur Zusammenarbeit und zum Dialog wird entscheidend sein, um eine friedliche Koexistenz zu gewährleisten und zukünftige Konflikte zu vermeiden.

Referenzen:

- Geyer, Michael. "Die Sowjetunion im Zweiten Weltkrieg." München: C.H. Beck, 2008.
- Stalin, Josef. "Reden und Schriften." Berlin: Verlag für die Geschichte der Arbeiterbewegung, 1975.
- Werth, Nicolas. "Sowjetische Geschichte 1917-1991." Frankfurt am Main: Suhrkamp, 2000.
- Hoffmann, Peter. "Der Zweite Weltkrieg." Stuttgart: Klett-Cotta, 2004.
- Galeotti, Mark. "Hybrid Warfare in Ukraine: The Russian Approach." 2016.
- Renz, Bettina. "Russia's Military Modernization: Ongoing Trends and Future Prospects." 2020.
- Sherr, James. "Hard Diplomacy and Soft Coercion: Russia's Influence Abroad." 2013.
- Sukhanov, Dmitry. "Cyber Warfare: The New Frontline in Russian Strategy." 2019.
- Fitzpatrick, Sheila. "The Russian Revolution." Oxford University Press, 1994.
- Service, Robert. "A History of Modern Russia: From Tsarism to the Twenty-First Century." Harvard University Press, 2009.
- Kofman, Michael. "Russian Military Operations in Ukraine." War on the Rocks, 2020.
- Sakwa, Richard. "Russia Against the Rest: The Post-Cold War Crisis of World Order." Cambridge University Press, 2017.
- Müller, T. (2021). Russland nach dem Kalten Krieg: Politische und wirtschaftliche Herausforderungen. Politikwissenschaftliche Studien.
- International Crisis Group. (2022). Geopolitische Spannungen und ihre Auswirkungen auf die Sicherheit.
- NATO. (2023). NATO-Engagement in der Ostflanke: Strategien und Maßnahmen.

Verlag: BoD · Books on Demand GmbH, In de Tarpen 42,
22848 Norderstedt, bod@bod.de
Druck: Libri Plureos GmbH, Friedensallee 273,
22763 Hamburg
ISBN: 978-3-7693-7594-7

FSC
www.fsc.org
MIX
Papier aus verantwortungsvollen Quellen
Paper from responsible sources
FSC® C105338